Inga Borges | Silke Guhlmann

DER Häkel ADVENTSKALENDER

Bibliografische Information der Deutschen Nationalbibliothek
Die Deutsche Nationalbibliothek verzeichnet diese Publikation in der Deutschen Nationalbibliografie. Detaillierte bibliografische Daten sind im Internet über https://dnb.de abrufbar.

Für Fragen und Anregungen
info@m-vg.de

Wichtiger Hinweis
Ausschließlich zum Zweck der besseren Lesbarkeit wurde auf eine genderspezifische Schreibweise sowie eine Mehrfachbezeichnung verzichtet. Alle personenbezogenen Bezeichnungen sind somit geschlechtsneutral zu verstehen.

Originalausgabe
3. Auflage 2024

Türkenstraße 89
80799 München
Tel.: 089 651285-0

Umschlaggestaltung und Layout: Sonja Vallant
Umschlagabbildung und Fotos: Philip Berstermann Fotografie, Münster
Illustrationen: Beate Schmitz (ideenhoch3), Stegen
Satz: Lara Nelles (schere.style.papier), München
Druck: Livonia Print, Riga
Printed in Latvia

ISBN Print 978-3-7474-0563-5

Inga Borges | Silke Guhlmann

DER Häkel ADVENTSKALENDER

24 zauberhafte Überraschungen im Hygge-Look zum Selbermachen

mvgverlag

„Weihnachten ist keine Jahreszeit, es ist ein Gefühl." Dieses Zitat stammt von der US-amerikanischen Schriftstellerin Edna Ferber und beschreibt in kurzen Worten, was wir mit diesem Häkel-Adventskalender erreichen möchten.

„Hygge" beschreibt eine Lebensweise - es geht um Gemütlichkeit, Entspannung, Harmonie, Wohlbefinden und um die Freude an den einfachen Dingen im Leben.

Mit ein bisschen Wolle, einer Häkelnadel und diesem Buch kannst du 24 weihnachtliche Projekte umsetzen. Tauche mit uns ein in eine gemütliche Adventszeit, lass dich von uns inspirieren und häkle deinen eigenen Baumschmuck, verziere Geschenke und mache dir und anderen eine kleine Freude.

Sei gespannt, welcher Weihnachtszauber dich auf den nächsten Seiten erwartet und schenke dir selbst eine kleine Auszeit vom hektischen Alltag.

Nimm dir Zeit für Dinge, die dich glücklich machen!

Weihnachtliche Grüße

Inga & Silke

Abkürzungen

abn - abnehmen
anschl - anschlagen
DStb - Doppelstäbchen
Fb - Farbe
folg - folgend/e
fM - feste Masche
hStb - halbes Stäbchen
ihM - ins hintere Maschenglied
ivM - ins vordere Maschenglied
Km - Kettmasche
LL - Lauflänge
Lm - Luftmasche
M - Masche
Nd - Nadel
R - Reihe
Rd - Runde
RStbv - Reliefstäbchen von vorne einstechen
Stb - Stäbchen
wdh - wiederholen
zun - zunehmen/Zunahme
zus - zusammen

Einkaufsliste

Wenn du diese Materialien besorgt, kannst du alle 24 Projekte des Adventskalenders häkeln: Neben deiner Häkelnadel 2,5 mm benötigst du Folgendes:

- Füllwatte
- 3 Holzringe, poliert Ø ca. 5 cm
- 8 Sicherheitsaugen Ø 5 mm
- 3 schwarze Halbperlen Ø 5 mm
- 2 schwarze Halbperlen Ø 6 mm
- 1 Holzknopf Ø 1,5 cm
- 2 Holzkugeln Ø ca. 12 mm
- 2 Korken
- Tassel-Maker
- Textilkleber
- Stopfnadel zum Vernähen
- Pompon-Maker 2,5 cm
- Schachenmayr Catania (100 % Baumwolle, LL 125 m/50 g) in
- Crème (Fb 130), 50 g
- Deep Amber (Fb 438), 50 g
- Curry (Fb 431), 50 g
- Ivory (FB 436), 50 g
- Sun-kissed (Fb 437), 50 g
- Graphit (Fb 393), 50 g
- Marsalarot (Fb 396), 50 g
- Reseda (Fb 402), 50 g
- Moos (Fb 412), 50 g
- Anchor Metallic (80 % Viskose, 20 % Polyester metallisiert, LL 100 m/25 g) in

  Fb 303, 25 g

  oder Fb 302, 25 g

Grundlagenteil

Häkeltechniken

Luftmaschenanschlag

Den Faden zu einer Schlaufe legen. Das Fadenende liegt unterhalb. Mit der Nadel von vorne durch die Schlinge stechen und den Faden durchholen. Am Fadenende ziehen, damit sich die Schlinge um die Nadel festzieht (= Anfangsschlinge). Den Arbeitsfaden durch die Schlinge ziehen, um die erste Luftmasche zu häkeln. So lange wiederholen, bis die gewünschte Anzahl an Luftmaschen erreicht ist.

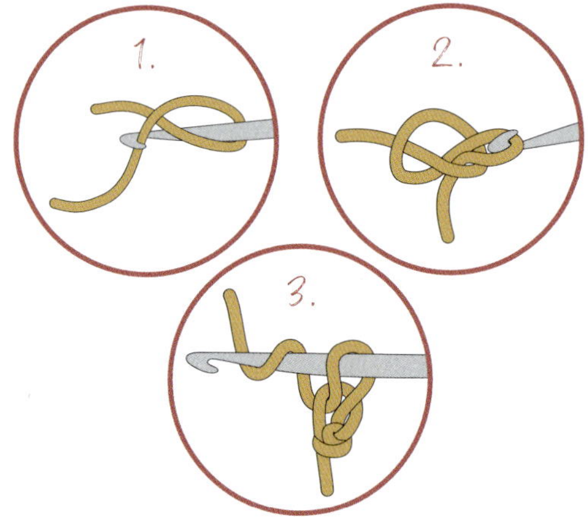

Kettmasche

Kettmaschen werden vielfältig beim Häkeln eingesetzt. Sie dienen als Verzierung, kommen beim Beenden einer Runde und beim Anmaschen neuer Fäden zum Einsatz. Um eine Kettmasche zu häkeln, durch die Masche stechen und den Faden durchholen. Diese Schlinge durch die auf der Nadel liegende Schlinge hindurchziehen.

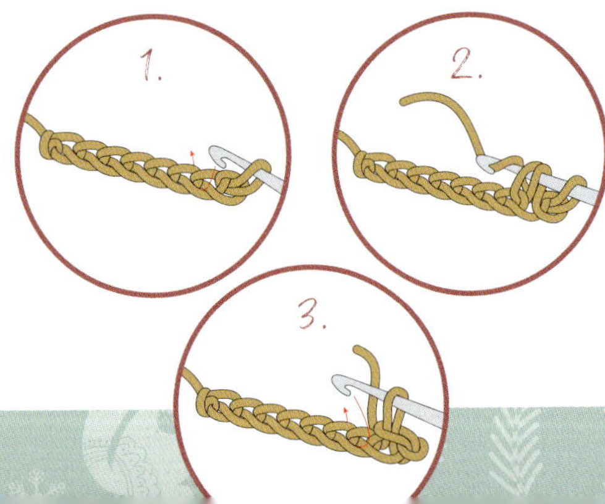

Fadenring

Um einen Fadenring zu bilden, den Faden zu einer Schlaufe legen. Das Fadenende liegt oberhalb und zeigt nach unten. Die Schlaufe mit Daumen und Zeigefinger fixieren und mit der Nadel von vorne hindurchstechen. Den Faden durch die Schlaufe ziehen und mit einer Luftmasche sichern. Erneut durch den Ring stechen und den Faden durchholen. Beide auf der Nadel befindlichen Umschläge zu einer festen Masche abmaschen. Nun so viel feste Maschen häkeln, wie in der Anleitung angegeben sind. Um den Ring zu schließen, vorsichtig am Fadenende ziehen, bis sich die Maschen zusammengezogen haben.

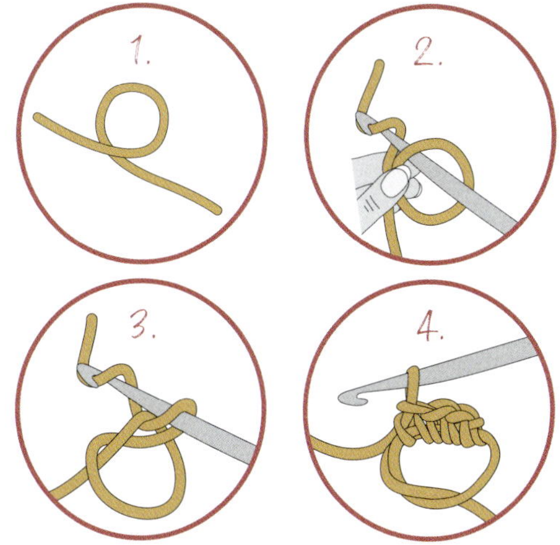

Feste Masche

Mit der Nadel in die folgende Masche stechen und den Faden von oben nach unten um die Nadel legen. Den Faden durchziehen. Auf der Nadel liegen nun zwei Schlingen. Den Arbeitsfaden erneut von oben nach unten um die Nadel legen und dann durch beide Schlingen ziehen (abmaschen).

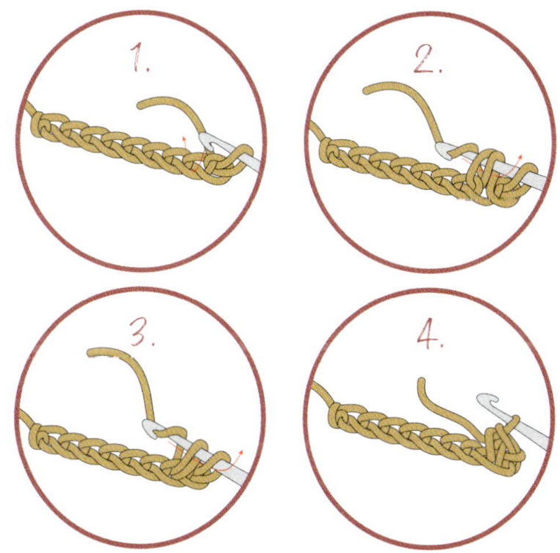

Stehende feste Masche

Eine Anfangsschlinge auf die Nadel legen. Mit der Schlinge auf der Nadel in die gewünschte Masche einstechen. Den Faden durchholen und die Anfangsschlinge und die neue Schlinge zusammen zu einer festen Masche abmaschen. Diese zählt als erste Masche der neuen Runde oder Reihe.

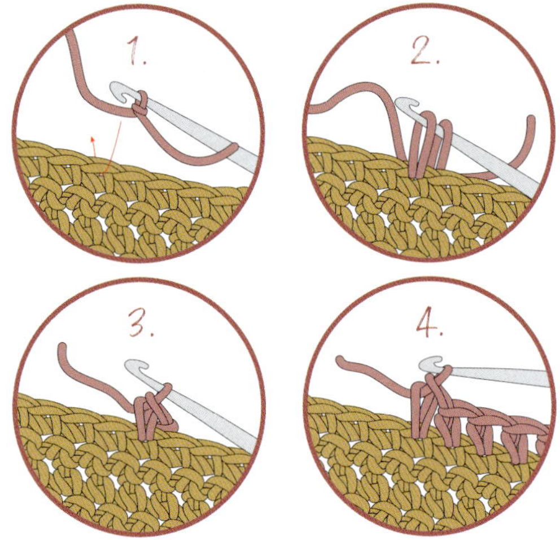

Halbe Stäbchen

Den Faden von hinten nach vorne über die Nadel (Umschlag) legen. In die folgende Masche einstechen und den Faden durchholen. Auf der Nadel liegen nun drei Schlingen. Den Arbeitsfaden durch alle drei Maschen ziehen.

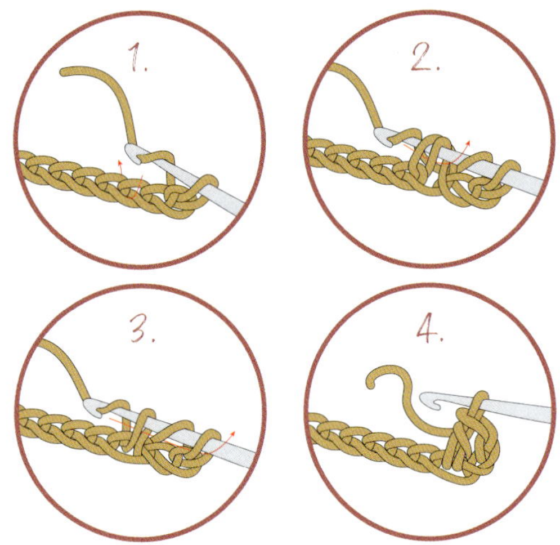

Stäbchen

Den Faden von hinten nach vorne über die Nadel (Umschlag) legen. In die folgende Masche einstechen und den Faden durchholen. Es liegen jetzt drei Schlingen auf der Nadel. Den Faden durch die ersten beiden Schlingen ziehen. Auf der Nadel liegen nun zwei Schlingen. Beide ebenfalls zusammen abmaschen.

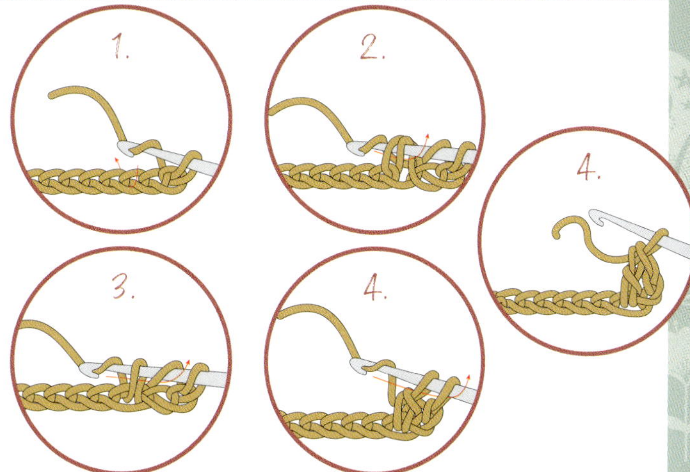

Doppelstäbchen

Den Faden zweimal von hinten nach vorne über die Nadel (Umschlag) legen. In die folgende Masche einstechen und den Faden durchholen. Es liegen jetzt vier Schlingen auf der Nadel. Den Faden nun durch die ersten beiden Schlingen ziehen. Auf der Nadel liegen jetzt drei Schlingen. Auch hier wieder die ersten beiden Schlingen auf der Nadel abmaschen. Es bleiben 2 Schlingen auf der Nadel. Den Faden erneut durchziehen und so die letzten verbliebenden Schlingen abmaschen.

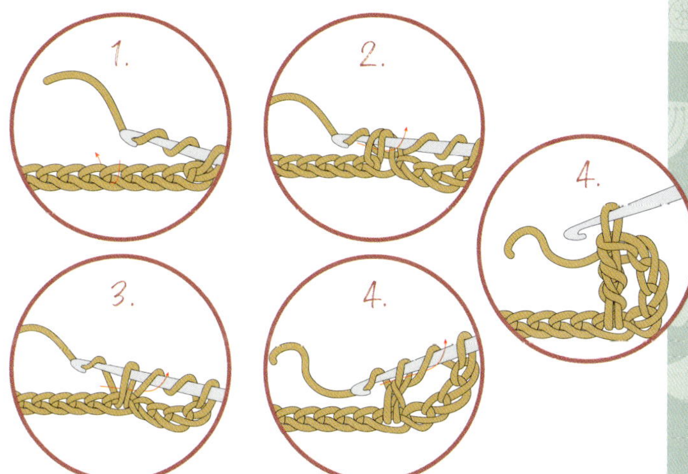

Reliefstäbchen

Mit einem Umschlag auf der Nadel beginnen. Statt mit der Nadel in die Maschen einzustechen, die Nadel von vorne nach hinten um das Stäbchen der Vorrunde/Vorreihe führen. Den Faden durchholen und wie für ein normales Stäbchen alle Schlingen nacheinander abmaschen. Für ein Reliefstäbchen von hinten die Nadel von hinten nach vorne um das Vorrunden-Vorreihen-Stäbchen führen.

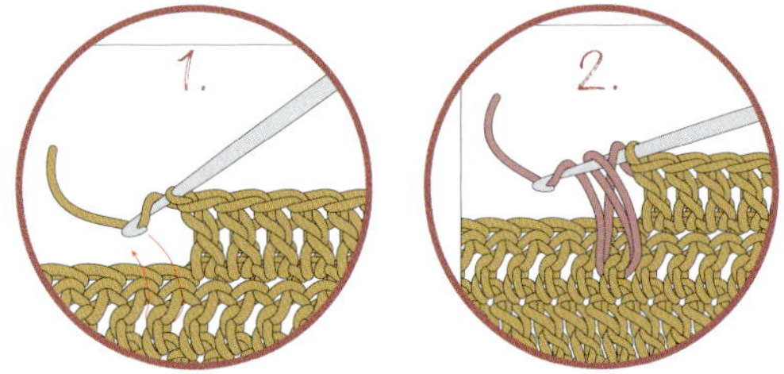

Maschenglieder

Eine Masche besteht aus drei Maschengliedern. Das vordere und hintere Maschenglied bilden dabei die v-förmige Oberseite der Masche. Das rückwärtige Maschenglied liegt auf der Rückseite am Fuß der Masche.

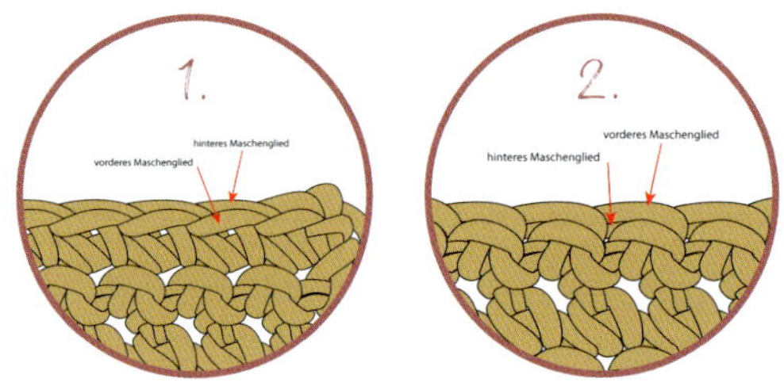

In Spiralrunden häkeln

Bei Spiralrunden werden die Maschen ununterbrochen immer weiter aufeinandergehäkelt, ohne sie mit einer Kettmasche abzuschließen. Der Rundenübergang ist unsichtbar. Um den Überblick zu behalten, den Übergang mit einem Faden oder einem Maschenmarkierer kennzeichnen.

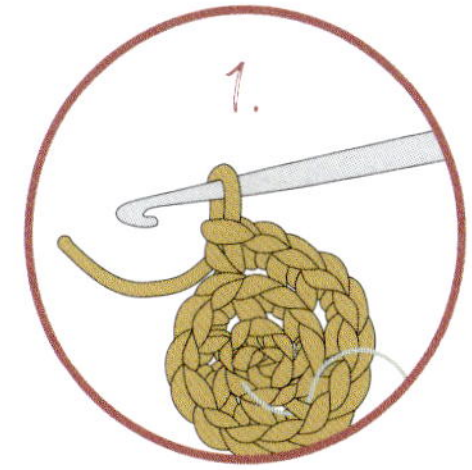

Abnehmen/feste Maschen zusammen abmaschen

Bei der Abnahme von festen Maschen in Runden/Reihen werden zwei feste Maschen zusammen abgemascht, sodass eine neue Masche entsteht. Dazu in die erste abzunehmende Masche einstechen und den Faden durchholen. Es befinden sich nun zwei Schlaufen auf der Nadel. Diese werden aber nicht abgemascht, sondern die Nadel durch die nächste Masche gestochen. Wieder den Faden holen. Es befinden sich nun drei Schlingen auf der Nadel. Den Arbeitsfaden durch alle Schlingen ziehen.

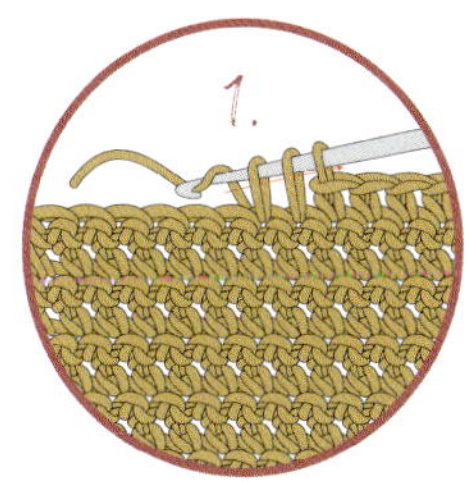

Zunehmen/Verdoppeln

Alle Maschenarten werden auf die gleiche Weise zugenommen: Man häkelt einfach 2 Maschen in eine Einstichstelle. Hierbei spielt es keine Rolle, ob in Reihen oder Runden gehäkelt wird.

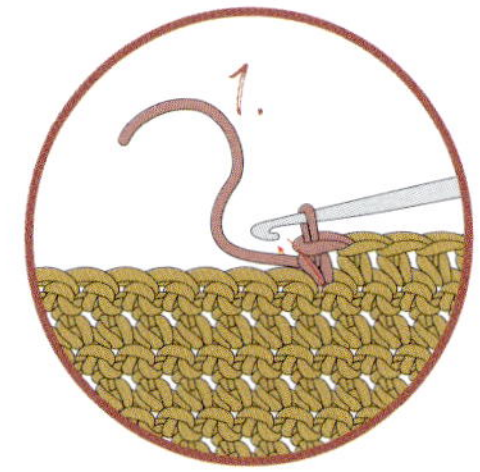

Runde unsichtbar beenden

Die Arbeit mit einem langen Faden abketten. Das Fadenende in eine Vernähnadel fädeln und von oben zwischen die beiden Maschenglieder der zweiten Masche der letzten Runde hindurchstechen. Am Faden ziehen, bis er die gleiche Länge wie die anderen Maschenglieder hat. So wird ein hinteres Maschenglied nachgebildet. Nun mit der Nadel von vorne nach hinten zwischen die Maschenglieder der letzten Masche der Runde stechen. Den Faden erneut durch die Masche ziehen, bis ein vorderes Maschenglied entsteht. Den Faden wie gewohnt vernähen.

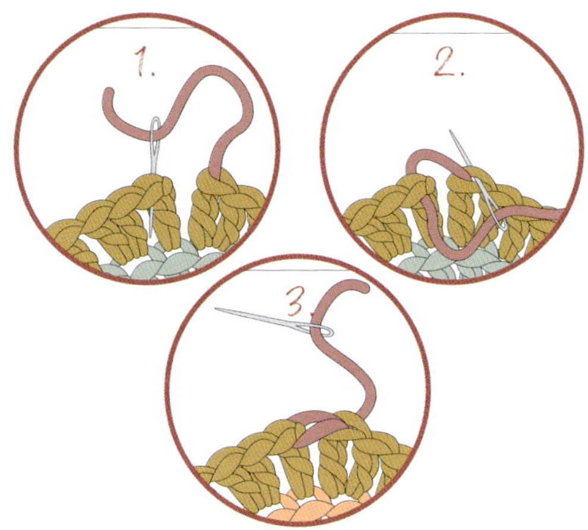

Farbwechsel

Wird eine neue Farbe aufgenommen, in der ersten Farbe bis zur letzten Masche der Runde/Reihe häkeln. Diese nicht abmaschen, sondern beide Schlingen auf der Nadel behalten. Mit der Nadel nun den Faden der neuen Farbe durchholen und damit weiterhäkeln.

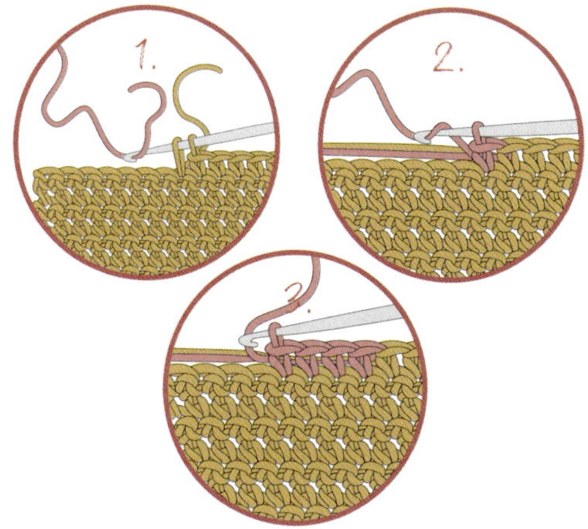

Häkelstück beenden

Um eine Runde/Reihe zu beenden, den Faden fest durch die letzte Masche ziehen und ca. 20 cm lang abschneiden. Das Fadenende mithilfe einer Wollnadel in die Maschen bzw. nach innen vernähen. Wenn der Faden lang abgeschnitten werden soll, mind. 30 cm abschneiden.

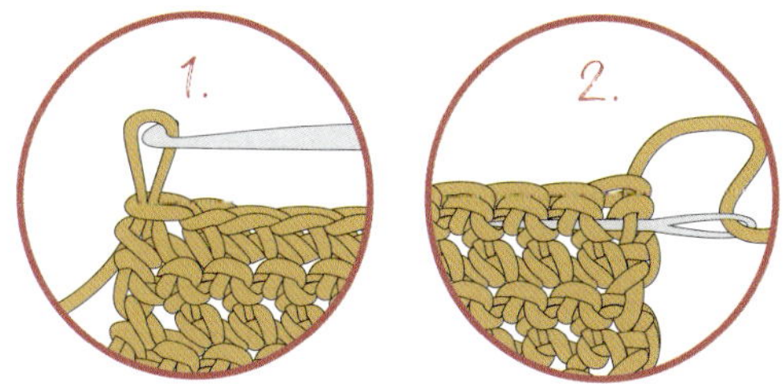

In Reihen häkeln

Alle Reihen beginnen mit einer Luftmaschenkette. Auf diese werden die Maschen der ersten Reihe gehäkelt. Nach jeder Reihe wird die Arbeit mit Luftmaschen gewendet, um die entsprechende Höhe der Maschen zu erreichen. Bei festen Maschen wird eine Wendeluftmasche gehäkelt, bei halben Stäbchen zwei Wendeluftmaschen und bei Stäbchen wird mit drei Luftmaschen gewendet.

In Runden häkeln

Beim Rundenhäkeln wird die Arbeit am Ende nicht gewendet, sondern fortlaufend weitergearbeitet. Begonnen wird dabei mit einem Fadenring oder einer Luftmaschenkette. Jede Runde endet mit einer Kettmasche in die erste Masche der Runde. Am Anfang jeder Runde werden Luftmaschen entsprechend der Höhe der verwendeten Maschen gehäkelt (Steigeluftmasche). Bei festen Maschen wird eine Steigeluftmasche gehäkelt, bei halben Stäbchen zwei und bei Stäbchen werden drei Steigeluftmaschen zum Beginn gearbeitet.

Stickstiche

Knötchenstich

Der Faden ein- oder zweimal über die Nadel schlingen und durchziehen, sodass ein Knoten entsteht. Danach knapp neben der Ausstichstelle einstechen und den Faden durchziehen. Zum Schluss den Faden auf der Rückseite sichern.

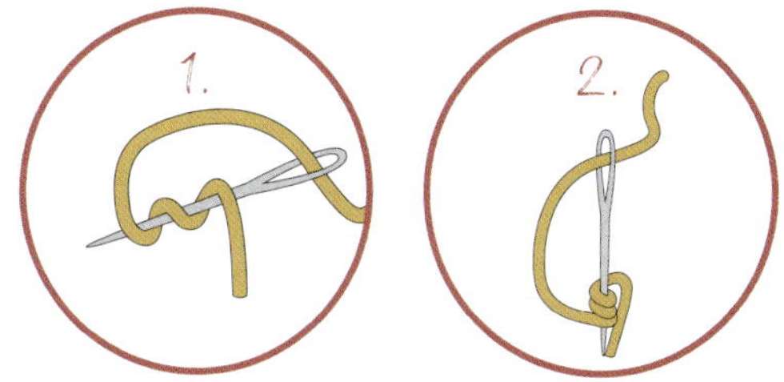

Spannstich

Den Faden von vorne nach hinten durchführen. Dann im gewünschten Abstand einstechen und den Faden durchziehen. Spannstiche können vertikal, horizontal, lang oder kurz sein.

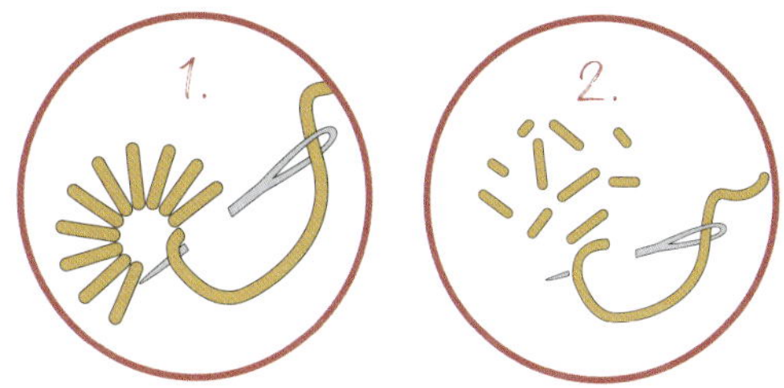

Margeritenstich

Mit der Nadel von unten nach oben einstechen, den Faden zu einer Schlaufe legen und in die gleiche Ausstichstelle zurück einstechen. Nun von unten durch das obere Ende der Schlaufe stechen und diese anschließend mit einem kurzen Spannstich fixieren.

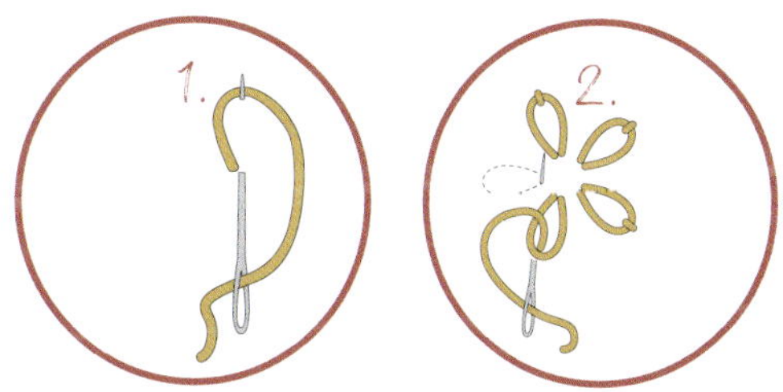

Das brauchst du für das heutige Häkelprojekt:

Schachenmayr Catania (100 % Baumwolle, LL 125 m/50 g) in

- Crème (Fb 130), ca. 15 g
- Deep Amber (Fb 438), ca. 10 g
- Curry (Fb 431), ca. 10 g
- Häkelnadel 2,5 mm
- 2 Sicherheitsaugen Ø 5 mm
- 3 schwarze Halbperlen Ø 5 mm
- Textilkleber
- Füllwatte
- Stopfnadel zum Vernähen

Hinter dem ersten Türchen wird es winterlich!

1

Schneemann

Körper und Kopf (in Crème, Deep Amber)
In Spiral-Rd häkeln. Mit Crème beginnen. Körper fortlaufend ausstopfen.

1. Rd: 6 fM in einen Fadenring.
2. Rd: 6x 1 M zun. [12]
3. Rd: *1 fM, 1 M zun*, von * bis * noch 5x wdh. [18]
4. Rd: *1 fM, 1 M zun, 1 fM*, von * bis * noch 5x wdh. [24]
5. Rd: *3 fM, 1 M zun*, von * bis * noch 5x wdh. [30]
6. Rd: ihM 30 fM.

Für besseren Stand eine Pappscheibe zurechtschneiden und einlegen.

7.–13. Rd: 30 fM.

In Deep Amber 30 Km zwischen Rd 7 und 8 aufsetzen.

14. Rd: *3 fM, 1 M abn*, von * bis * noch 5x wdh. [24]
15. Rd: 24 fM.
16. Rd: *2 fM, 1 M abn*, von * bis * noch 5x wdh. [18]
17. Rd: 18 fM.
18. Rd: *1 fM, 1 M abn*, von * bis * noch 5x wdh. [12]
19. Rd: 12 fM.

Ab hier entsteht der Kopf. Kopf fortlaufend ausstopfen.

20. Rd: ivM *1 fM, 1 M zun*, von * bis * noch 5x wdh. [18]
21. Rd: *1 fM, 1 M zun, 1 fM*, von * bis * noch 5x wdh. [24]
22. Rd: 24 fM.
23. Rd: *3 fM, 1 M zun*, von * bis * noch 5x wdh. [30]
24.–28. Rd: 30 fM.

Sicherheitsaugen zwischen Rd 25 und 26 mit 6 M Abstand befestigen.

29. Rd: *3 fM, 1 M abn*, von * bis * noch 5x wdh. [24]

30. Rd: *1 fM, 1 M abn, 1 fM*, von * bis * noch 5x wdh. [18]

31. Rd: *1 fM, 1 M abn*, von * bis * noch 5x wdh. [12]

32. Rd: 6x 1 M abn. [6]

Faden abschneiden, durch alle vorderen M-Glieder fädeln, fest zuziehen und vernähen. In ein vorderes M-Glied von Rd 5 mit Crème neu anketten und 30 Km häkeln. Den Schneemann dabei so halten, dass die Unterseite einem zugewandt ist. Halbperlen auf den Körper kleben.

Nase (in Curry)

In Spiral-Rd häkeln.

1. Rd: 3 fM in einen Fadenring.

2. Rd: 3x 1 M zun. [6]

3. Rd: 6 fM.

Faden lang abschneiden und Nase mittig zwischen die Augen nähen.

Hut (in Deep-Amber)

In Spiral-Rd häkeln.

1. Rd: 6 fM in einen Fadenring.

2. Rd: 6x 1 M zun. [12]

3. Rd: *1 fM, 1 M zun*, von * bis * noch 5x wdh. [18]

4. Rd: *1 fM, 1 M zun, 1 fM*, von * bis * noch 5x wdh. [24]

5. Rd: *3 fM, 1 M zun*, von * bis * noch 5x wdh. [30]

6. Rd: ihM 30 fM.

7.–9. Rd: 30 fM.

10. Rd: ivM *2 fM, 1 M zun, 2 fM*, von * bis * noch 5x wdh. [36]

11. Rd: ivM *5 fM, 1 M zun*, von * bis * noch 5x wdh. [42]

Faden abschneiden und Rd unsichtbar beenden. Hut auf den Kopf setzen und ggf. festnähen.

Schal (in Curry)

In R häkeln. Die Wende-Lm am Ende jeder R wird nicht mitgezählt. 5 Lm anschl, in die 2. Lm von der Nd aus einstechen und wie folgt häkeln:

1. R: 4 fM.

2.–50. R: ihM 4 fM.

Faden abschneiden und vernähen. Fransen an beide Enden knüpfen und gerade abschneiden. Schal um den Hals des Schneemanns knoten.

Das brauchst du für das heutige Häkelprojekt:

Schachenmayr Catania (100 % Baumwolle, LL 125 m/50 g) in

- Crème (Fb 130), ca. 10 g
- Marsalarot (Fb 396), ca. 10 g
- Reseda (Fb 402), ca. 10 g
- Anchor Metallic (80 % Viskose, 20 % Polyester metallisiert, LL 100 m/25 g) in Fb 303, Rest
- Häkelnadel 2,5 mm
- Pompon-Maker Ø 2,5 cm
- Stopfnadel zum Vernähen

Wir wünschen dir einen kuscheligen Tag mit Türchen Nummer 2.

2

Bommelmütze

Mütze (in Crème, Marsalarot oder Reseda)

In R häkeln. 24 Lm anschl, in die 2. Lm von der Nd aus einstechen und wie folgt häkeln:

1. R: 24 hStb.

2.–24. R: 24 hStb ihM.

Faden lang abschneiden und damit die beiden kurzen Kanten (1. + 24. R) der Mütze zusnähen. Einen ca. 30 cm langen Faden abschneiden und eng entlang der oberen Kante rund herum einfädeln. Den Faden festziehen, sodass sich die obere Kante zuzieht. Faden sichern und die Mütze auf rechts ziehen. Die untere Kante ca. 2 cm umstülpen, sodass ein Saum entsteht.

Bommel (in Crème, Marsalarot oder Reseda)

Mit einem Pompon-Maker einen Bommel mit Ø 2,5 cm in der passenden Farbe anfertigen und oben auf die Mütze nähen.

Anhänger (in Anchor Metallic)

Einen ca. 20 cm langen Faden abschneiden. Durch den Bommel fädeln und zusnähen.

Tipp: Je nachdem wie viele Lm für die Anfangs-Lm-Kette angeschlagen werden, wird die Mütze länger oder kürzer. Auf diese Weise lassen sich verschiedene Varianten häkeln.

Das brauchst du für das heutige Häkelprojekt:

Schachenmayr Catania (100 % Baumwolle, LL 125 m/50 g) in

- Crème (Fb 130), ca. 10 g
- Reseda (Fb 402), ca. 10 g
- Häkelnadel 2,5 mm
- Stopfnadel zum Vernähen
- Holzring, poliert Ø ca. 5 cm

Kennst du die Schmetterlinge des Winters?

3

Schneeflocke

So wird's gemacht

Da jeder Ring unterschiedlich ausfällt in Dicke und Innendurchmesser, muss die Anzahl der M der ersten Rd eventuell angepasst werden. Die Anzahl der M sollte durch sechs teilbar sein. Das Muster in den Folgerunden ggf. entsprechend anpassen.

Schneeflocke (in Crème oder Reseda)

Der Holzring wird in Spiral-Rd umhäkelt. Lm werden nicht als M gezählt. In der ersten Rd darauf achten, dass möglichst nichts mehr vom Holzring zu sehen ist. Mit einer stehenden fM beginnen.

1. Rd: 60 fM um den Holzring häkeln.

2. Rd: *1 Km, 3 Lm, 2 M überspringen*, von * bis * noch 19x wdh, 1 Km in die erste M der Rd. [20]

3. Rd: In der nächsten Rd wird nur in die LM-Bögen gehäkelt. Immer abwechselnd A und B häkeln, bis alle Bögen behäkelt sind.

A: (1 fM, 3 Lm, Km in 1. Lm, 1 fM)

B: (2 fM, 4 Lm, Km in 1. Lm, 5 Lm, Km in Lm mit der Km, 4 Lm, Km in Lm mit den anderen zwei Km, 2 fM)

Rd mit einer Km in die erste M beenden. Faden abschneiden und vernähen.

Fertigstellung

Einen Faden zum Aufhängen anbringen. Die Schneeflocke kann mit kleinen Perlen verziert werden.

Das brauchst du für das heutige Häkelprojekt:

Schachenmayr Catania (100 % Baumwolle, LL 125 m/50 g) in

- Sun-kissed (Fb 437), ca. 10 g
- Deep Amber (Fb 438), ca. 10 g
- Reseda (Fb 402), ca. 5 g
- Anchor Metallic (80 % Viskose, 20 % Polyester metallisiert, LL 100 m/25 g) in Fb 303, ca. 5 g
- Häkelnadel 2,5 mm
- Füllwatte
- Stopfnadel zum Vernähen

Gehst du in der Winterzeit auch so gerne im Wald spazieren?

4

Eichel

Eichel (in Sun-kissed, Deep Amber)

In Spiral-Rd häkeln. Mit Sun-kissed beginnen. Eichel fortlaufend ausstopfen.

1. Rd: 6 fM in einen Fadenring.
2. Rd: 6 fM. [6]
3. Rd: 6x 1 M zun. [12]
4. Rd: *1 fM, 1 M zun*, von * bis * noch 5x wdh. [18]
5. Rd: 18 fM.
6. Rd: *1 fM, 1 M zun, 1 fM*, von * bis * noch 5x wdh. [24]
7.–12. Rd: 24 fM.

Fb-Wechsel zu Deep Amber.

13. Rd: ivM 24x 1 M zun. [48]
14. Rd: 48 fM.
15. Rd: *2 fM, 1 M abn*, von * bis * 11x wdh. [36]
16. Rd: *1 M abn, 4 fM*, von * bis * 5x wdh. [30]
17. Rd: 30 fM.
18. Rd: *1 fM, 1 M abn* von * bis * 9x wdh. [20]
19. Rd: 10x 1 M abn. [10]
20. Rd: 5x 1 M abn. [5]

Für einen Aufhänger 15 fM häkeln, Faden lang abschneiden, durch alle vorderen M-Glieder fädeln, fest zuziehen und vernähen.

Tipp: Soll die Eichel nur einen Stiel erhalten, 8 Lm häkeln, in die 2. Lm von der Nd aus einstechen und 7 Km zurückhäkeln. Faden lang abschneiden, durch alle vorderen M-Glieder fädeln, fest zuziehen und vernähen.

Eichelblatt (je 1x in Reseda und Anchor Metallic)

Das Blatt wird in Rd um die Lm-Kette gehäkelt. Die Lm werden nicht als M gezählt.

11 Lm anschl, in die 2. Lm von der Nd aus einstechen und wie folgt häkeln:

1. Rd: 6 fM, 3 hStb, 8 Stb in 1 M häkeln, auf der Rückseite der Lm-Kette weiterhäkeln, 3 hStb, 6 fM. [26]
2. Rd: 1 Lm, 1 Km, 1 fM, (2 hStb + 2 Lm + 1 Km in 1 M), 1 Km, 1 fM, 1 hStb, (3 Stb + 3 Lm + 1 Km in 1 M), 1 Km, 1 fM, 1 hStb, (2 Stb + 3 Lm + 1 Km in 1 M), 1 Km, (1 fM + 1 hStb + 1 Stb in 1 M)
Ab hier geht es spiegelverkehrt zurück zum Anfang:
(1 Stb + 1 hStb + 1 fM), 1 Km, (1 Km + 3 Lm + 2 Stb in 1 M), 1 hStb, 1 fM, 1 Km, (Km + 3 Lm + 3 Stb in 1 M), 1 hStb, 1 fM, 1 Km, (1 Km + 2 Lm + 2 hStb in 1 M), 1 fM, 1 Km. [44]
Rd mit 1 Km in die erste M beenden. Faden nicht abschneiden.
Für den Stiel 8 Lm anschl, in die 2. Lm von der Nd aus einstechen und 7 Km häkeln.
Faden lang abschneiden und damit die Blätter, etwas versetzt, oben auf die Eichel nähen.

Das brauchst du für das heutige Häkelprojekt:

Schachenmayr Catania (100 % Baumwolle, LL 125 m/50 g) in

- Crème (Fb 130), ca. 15 g
- Deep Amber (Fb 438), ca. 15 g
- Sun-kissed (Fb 437), ca. 15 g
- Reseda (Fb 402), ca. 15 g
- Moos (Fb 412), ca. 15 g
- Häkelnadel 2,5 mm
- Stopfnadel zum Vernähen

Langsam wird es Zeit für die Weihnachtsdeko, findest du nicht auch?

5

Wimpelkette

Wimpel (je 2x in Crème, Sun-kissed, Deep Amber, Reseda, Moos)

Der Wimpel wird in R gehäkelt. Es werden keine Wende-Lm gehäkelt. 2 Lm anschl, in die 2. Lm von der Nd aus einstechen und wie folgt häkeln:

1. R: 1 M zun. [2]
2. R: 2x 1 M zun. [4]
3.–4. R: 4 fM.
5. R: 1 M zun, 2 fM, 1 M zun. [6]
6.–7. R: 6 fM.
8. R: 1 M zun, 4 fM, 1 M zun. [8]
9.–10. R: 8 fM.
11. R: 1 M zun, 6 fM, 1 M zun. [10]
12.–13. R: 10 fM.
14. R: 1 M zun, 8 fM, 1 M zun. [12]
15.–16. R: 12 fM.
17. R: 1 M zun, 10 fM, 1 M zun. [14]
18.–19. R: 14 fM.
20. R: 1 M zun, 12 fM, 1 M zun. [16]
21.–22. R: 16 fM.

Faden abschneiden und vernähen.

Fertigstellung

Alle Wimpel werden nun miteinander verbunden. 40 Lm für die Anfangsschnur in Crème anschlagen. In einen Wimpel 16 fM häkeln. Zwischen die einzelnen Wimpel je 5 Lm häkeln. Wenn alle Wimpel eingehäkelt sind, wieder eine längere Schnur von 40 Lm häkeln.

Tipp: Der grüne Wimpel kann auch als Tannenbaum eine Karte schmücken. Der Stamm wird wie folgt gehäkelt: In der Seite gegenüber der Spitze in Braun neu anketten und mittig 6 fM häkeln. Zwei weitere R mit 6 fM häkeln.

Das brauchst du für das heutige Häkelprojekt:

Schachenmayr Catania (100 % Baumwolle, LL 125 m/50 g) in

- Crème (Fb 130), ca. 5 g
- Reseda (Fb 402), ca. 5 g
- Anchor Metallic (80 % Viskose, 20 % Polyester metallisiert, LL 100 m/25 g) in Fb 303, Rest
- Holzknopf Ø 1,5 cm
- Häkelnadel 2,5 mm
- Stopfnadel zum Vernähen

Heute ist Nikolaus! Hast du deine Socke schon aufgehängt?

6

Weihnachtssocke

Weihnachtssocke (in Crème und Reseda)

In Spiral-Rd häkeln. Es wird um die Lm-Kette herumgehäkelt. Beginne mit Crème. 10 Lm anschl, in die 2. Lm von der Nd aus einstechen und wie folgt häkeln:

1. Rd: 8 fM, 3 fM in 1 M, 7 fM, 1 M zun. [20]

2. Rd: *9 fM, 1 M zun*, von * bis * noch 1x wdh. [22]

3. Rd: *10 fM, 1 M zun*, von * bis * noch 1x wdh. [24]

4.–6. Rd: 24 fM.

Fb-Wechsel zu Reseda

7.–12. Rd: 24 fM.

13. Rd: 7 fM, 1 Lm, wenden.

Hier beginnt die Ferse. Ab hier in R weiterhäkeln.

Fb-Wechsel zu Crème.

14.–16. R: 14 fM.

17. R: 3 fM, 1 M abn, 4 fM, 1 M abn, 3 fM. [12]

18. R: 2 fM, 1 M abn, 4 fM, 1 M abn, 2 fM. [10]

19. R: 2 fM, 3x 1 M abn, 2 fM. [7]

Faden lang abschneiden. Die Ferse mittig zusdrücken und die Maschen der 19. R mit dem langen Faden zusnähen. Mittig an der Ferse mit einer stehenden fM mit Reseda neu anschlingen und wie folgt weiter in Spiral-Rd häkeln:

1. Rd: 26 fM um die obere Öffnung häkeln.

2.–4. Rd: 26 fM.

Fb-Wechsel zu Crème.

5. Rd: 26 fM.

6. Rd: 5 fM, *Fb-Wechsel zu Reseda, 1 fM, Fb-Wechsel zu Crème, 7 fM*, von * bis * noch 1x wdh, Fb-Wechsel zu Reseda, 1 fM, Fb-Wechsel zu Crème, 4 fM. [26]

7. Rd: 4 fM, *Fb-Wechsel zu Reseda, 3 fM, Fb-Wechsel zu Crème, 5 fM*, von * bis * noch 1x wdh, Fb-Wechsel zu Reseda,

3 fM, Fb-Wechsel zu Crème, 3 fM. [26]

8. Rd: 3 fM, *Fb-Wechsel zu Reseda, 2 fM, Fb-Wechsel zu Crème, 1 fM, Fb-Wechsel zu Reseda, 2 fM, Fb-Wechsel zu Crème, 3 fM *, von * bis * noch 1x wdh, Fb-Wechsel zu Reseda, 2 fM, Fb-Wechsel zu Crème, 1 fM, Fb-Wechsel zu Reseda, 2 fM. Fb-Wechsel zu Crème, 2 fM. [26]

9. Rd: 2 fM, *Fb-Wechsel zu Reseda, 2 fM, Fb-Wechsel zu Crème, 3 fM, Fb-Wechsel zu Reseda, 2 fM, Fb-Wechsel zu Crème, 1 fM *, von * bis * noch 2x wdh. [26]

10. Rd: 3 fM, *Fb-Wechsel zu Reseda, 2 fM, Fb-Wechsel zu Crème, 1 fM, Fb-Wechsel zu Reseda, 2 fM, Fb-Wechsel zu Crème, 3 fM *, von * bis * noch 1x wdh, Fb-Wechsel zu Reseda, 2 fM, Fb-Wechsel zu Crème, 1 fM, Fb-Wechsel zu Reseda, 2 fM. Fb-Wechsel zu Crème, 2 fM. [26]

11. Rd: 4 fM, *Fb-Wechsel zu Reseda, 3 fM, Fb-Wechsel zu Crème, 5 fM*, von * bis * noch 1x wdh, Fb-Wechsel zu Reseda, 3 fM, Fb-Wechsel zu Crème, 3 fM. [26]

12. Rd: 5 fM, *Fb-Wechsel zu Reseda, 1 fM, Fb-Wechsel zu Crème, 7 fM*, von * bis * noch 1x wdh, Fb-Wechsel zu Reseda, 1 fM, Fb-Wechsel zu Crème, 4 fM. [26]

13. Rd: 26 fM.

Fb-Wechsel zu Reseda.

14.–15. Rd: 26 fM.

16. Rd: 2 fM, 25 Lm, 1 Km in die folg M (= Anhänger), die restlichen Maschen bleiben frei.

Faden abschneiden und vernähen. Den Holzknopf unterhalb des Anhängers annähen. Mit Reseda zwischen die Rauten je 2 sich überkreuzende Spannstiche aufsticken. In die Mitte jeder Raute einen Knötchenstich setzen.

Tipp: Für das Design der zweiten Socke in der Abb einfach Reseda durch Gold (FB 249) ersetzen.

Das brauchst du für das heutige Häkelprojekt:

Schachenmayr Catania (100 % Baumwolle, LL 125 m/50 g) in

- Crème (Fb 130), ca. 15 g
- Deep-Amber (Fb 438), ca. 5 g
- Häkelnadel 2,5 mm
- 2 Sicherheitsaugen Ø 5 mm
- Füllwatte
- Stopfnadel zum Vernähen

Wer bringt bei dir die Weihnachtspost?

7

Weihnachtsvogel

Kopf und Körper (in Crème)

In Spiral-Rd häkeln. Vogel fortlaufend ausstopfen.

1. Rd: 6 fM in einen Fadenring.

2. Rd: 6x 1 M zun. [12]

3. Rd: *1 fM, 1 M zun*, von * bis * noch 5x wdh. [18]

4. Rd: 18 fM.

5. Rd: 1 fM, 1 M zun, 14 fM, 1 M zun, 1 fM. [20]

6. Rd: 20 fM.

7. Rd: 20 fM, 8 Lm.

In die 2. Lm von der Nd aus einstechen und wie folgt weiterhäkeln: Erste M auf der Lm-Kette markieren, das ist der neue Rundenanfang.

8. Rd: 27 fM, 7 fM an der Rückseite der Lm-Kette. [34]

9. Rd: 3 fM in eine M, 32 fM, 3fM in eine M. [38]

10. Rd: 1 fM, 1 M zun, 34 fM, 1 M zun, 1 fM. [40]

11. Rd: 40 fM.

Sicherheitsaugen zwischen Rd 5 und 6 mit einem Abstand von 8 M befestigen.

12. Rd: 19 fM, 1 M abn, 19 fM. [39]

13. Rd: 15 fM, 1 M abn, 6 fM, 1 M abn, 14 fM. [37]

14. Rd: 1 M abn, 35 fM. [36]

15. Rd: 36 fM.

16. Rd: *4 fM, 1 M abn*, von * bis * noch 5x wdh. [30]

17. Rd: 30 fM.

18. Rd: *3 fM, 1 M abn*, von * bis * noch 5x wdh. [24]

19. Rd: 24 fM.

20. Rd: *2 fM, 1 M abn*, von * bis * noch 5x wdh. [18]

21. Rd: 18 fM.

22. Rd: *1fM, 1 M abn*, von * bis * noch 5x wdh. [12]

23. Rd: 6x 1 M abn. [6]

Faden abschneiden, durch alle vorderen M-Glieder fädeln, fest zuziehen und vernähen.

Schwanzfeder (in Crème)

In Spiral-Rd häkeln. Es wird um die Lm-Kette gehäkelt. 5 Lm anschl, in die 2. Lm von der Nd aus einstechen und wie folgt häkeln:

1. Rd: 3 fM, 3 fM in 1 M, an der Unterseite der Lm-Kette weiterhäkeln, 2 fM, 1 M zun. [10]

2. Rd: *4 fM, 1 M zun*, von * bis * noch 1x wdh. [12]

3.–4. Rd: 12 fM.

5. Rd: *4 fM, 1 M abn*, von * bis * noch 1x wdh. [10]

6.–8. Rd: 10 fM

Faden lang abschneiden und Schwanzfeder annähen.

Schnabel (in Deep-Amber)

In Spiral-Rd häkeln.

1. Rd: 3 fM in einen Fadenring.

2. Rd: 3x 1 M zun. [6]

3. Rd: 6 fM.

Faden lang abschneiden und mittig zwischen die Augen nähen.

Seitliche Feder (2x, in Deep-Amber)

In Spiral-Rd häkeln.

1. Rd: 6 fM in einen Fadenring.

2. Rd: 6x 1 M zun. [12]

3. Rd: (1 hStb + 1 Stb in 1 M), (1 DStb + 1 Lm + 1 DStb in 1 M), (1 Stb + 1 hStb in 1 M), 1 fM, 1 Km. [8]

Die Rd wird nicht zu Ende gehäkelt. Faden lang abschneiden und Feder seitlich an den Vogel nähen.

Einen Faden zur Aufhängung anbringen.

Das brauchst du für das heutige Häkelprojekt:

Schachenmayr Catania (100 % Baumwolle, LL 125 m/50 g) in

- Reseda (Fb 402), ca. 10 g
- Moos (Fb 412), ca. 10 g
- Häkelnadel 2,5 mm
- Stopfnadel zum Vernähen
- 2 Korken

Hinter Türchen Nummer 8 wartet der Held aus einem berühmten Weihnachtslied.

8

Tannenbäume

Großer Tannenbaum (in Reseda oder Moos)

In Spiral-Rd häkeln. Die Lm in Rd 24 zählen nicht als M.

1. Rd: 4 fM in einen Fadenring.
2. Rd: *1 M zun, 1 fM*, von * bis * noch 1x wdh. [6]
3. Rd: *2 fM, 1 M zun*, von * bis * noch 1x wdh. [8]
4. Rd: *3 fM, 1 M zun*, von * bis * noch 1x wdh. [10]
5. Rd: 10 fM.
6. Rd: *2 fM, 1 M zun, 2 fM*, von * bis * noch 1x wdh. [12]
7. Rd: 12 fM.
8. Rd: *5 fM, 1 M zun*, von * bis * noch 1x wdh. [14]
9. Rd: 14 fM.
10. Rd: *3 fM, 1 M zun, 3 fM*, von * bis * noch 1x wdh. [16]
11. Rd: 16 fM.
12. Rd: *7 fM, 1 M zun*, von * bis * noch 1x wdh. [18]
13. Rd: 18 fM.
14. Rd: *4 fM, 1 M zun, 4 fM*, von * bis * noch 1x wdh. [20]
15. Rd: 20 fM.
16. Rd: *9 fM, 1 M zun*, von * bis * noch 1x wdh. [22]
17. Rd: 22 fM.
18. Rd: *5 fM, 1 M zun, 5 fM*, von * bis * noch 1x wdh. [24]
19.–20. Rd: 24 fM.
21. Rd: *11 fM, 1 M zun*, von * bis * noch 1x wdh. [26]
22.–23. Rd: 26 fM.
24. Rd: *Km, 2 Lm*, von * bis * noch 25x wdh. [26]

Rd mit einer Km beenden. Faden abschneiden und vernähen. Baum auf einen Korken setzen und ggf. mit Heißkleber befestigen.

Kleiner Tannenbaum (in Moos)

In Spiral-Rd häkeln. Die Lm in Rd 17 zählen nicht als M.

1. Rd: 4 fM in einen Fadenring.

2. Rd: *1 M zun, 1 fM*, von * bis * noch 1x wdh. [6]

3. Rd. 6 fM.

4. Rd: *1 fM, 1 M zun*, von * bis * noch 2x wdh. [9]

5. Rd: 9 fM.

6. Rd: *1 fM, 1 M zun, 1 fM*, von * bis * noch 2x wdh. [12]

7. Rd: 12 fM.

8. Rd: *3 fM, 1 M zun*, von * bis * noch 2x wdh. [15]

9. Rd: 15 fM.

10. Rd: *2 fM, 1 M zun, 2 fM*, von * bis * noch 2x wdh. [18]

11. Rd: 18 fM.

12. Rd: *5 fM, 1 M zun*, von * bis * noch 2x wdh. [21]

13. Rd: 21 fM.

14. Rd: *3 fM, 1 M zun, 3 fM*, von * bis * noch 2x wdh. [24]

15.–16. Rd: 24 fM.

17. Rd: *Km, 2 Lm*, von * bis * noch 23x wdh. [24]

Rd mit einer Km beenden. Faden abschneiden und vernähen. Baum auf einen halbierten Korken setzen und ggf. mit Heißkleber befestigen.

Das brauchst du für das heutige Häkelprojekt:

Schachenmayr Catania (100 % Baumwolle, LL 125 m/50 g) in

- Crème (Fb 130), ca. 10 g
- Ivory (Fb 436), ca. 10 g
- Graphit (Fb 393), ca. 10 g
- Marsalarot (Fb 396), ca. 10 g
- Häkelnadel 2,5 mm
- Füllwatte
- Stopfnadel zum Vernähen

Du brauchst nur eine kleine Tür, um ihn anzulocken.

9

Wichtel

Körper und Kopf (in Graphit, Crème, Ivory)
In Spiral-Rd häkeln. Mit Graphit beginnen. Körper fortlaufend ausstopfen.

1. Rd: 6 fM in einen Fadenring.
2. Rd: 6x 1 M zun. [12]
3. Rd: *1 fM, 1 M zun*, von * bis * noch 5x wdh. [18]
4. Rd: *1 fM, 1 M zun, 1 fM*, von * bis * noch 5x wdh. [24]
5. Rd: *3 fM, 1 M zun*, von * bis * noch 5x wdh. [30]
6. Rd: ihM 30 fM.

Für besseren Stand eine Pappscheibe einlegen.

7.–13. Rd. 30 fM.

In Crème 30 Km zwischen Rd 7 und 8 aufsetzen.

14. Rd: *3 fM, 1 M abn*, von * bis * 5x wdh. [24]
15. Rd: 24 fM.
16. Rd: *2 fM, 1 M abn*, von * bis * 5x wdh. [18]
17. Rd: 18 fM.
18. Rd: *1 fM, 1 M abn* von * bis * 5x wdh. [12]
19. Rd: 12 fM.

Fb-Wechsel zu Ivory.
Ab hier entsteht der Kopf. Kopf fortlaufend ausstopfen.

20. Rd: ivM *1 fM, 1 M zun*, von * bis * noch 5x wdh. [18]
21. Rd: *1 fM, 1 M zun, 1 fM*, von * bis * noch 5x wdh. [24]
22. Rd: 24 fM.
23. Rd: *3 fM, 1 M zun*, von * bis * noch 5x wdh. [30]
24.–28. Rd: 30 fM.
29. Rd: *3 fM, 1 M abn*, von * bis * noch 5x wdh. [24]
30. Rd: *1 fM, 1 M abn, 1 fM*, von * bis * noch 5x wdh. [18]
31. Rd: *1 fM, 1 M abn*, von * bis * noch 5x wdh. [12]
32. Rd: 6x 1 M abn. [6]

Faden abschneiden, durch alle vorderen M-Glieder fädeln, fest zuziehen und vernähen. In ein vorderes M-Glied der Rd 5 mit Graphit neu anketten und 30 Km häkeln. Den Wichtel dabei so halten, dass die Unterseite einem zugewandt ist.

Nase (in Ivory)

In Spiral-Rd häkeln.

1. Rd: 6 fM in einen Fadenring.

2. Rd: 6x 1 M zun. [12]

3. Rd: 12 fM.

4. Rd: *2 fM, 1 M abn*, von * bis * noch 2x wdh. [9]

Faden lang abschneiden, leicht ausstopfen und zwischen Rd 23-25 des Kopfes festnähen. Nun den Bart um die Nase mit Fäden in Crème anknüpfen. Bart in Form schneiden.

Zipfelmütze (in Marsalarot)

In Spiral-Rd häkeln.

1. Rd: 6 fM in einen Fadenring.

2.–3. Rd: 6 fM.

4. Rd: * 2 fM, 1 M zun*, von * bis * noch 1x wdh. [8]

5. Rd: 8 fM.

6. Rd: *3 fM, 1 M zun*, von * bis * noch 1x wdh. [10]

7. Rd: *2 fM, 1 M zun, 2 fM*, von * bis * noch 1x wdh. [12]

8. Rd: *5 fM, 1 M zun*, von * bis * noch 1x wdh. [14]

9.–10. Rd: 14 fM.

11. Rd: *3 fM, 1 M zun, 3 fM*, von * bis * noch 1x wdh. [16]

12. Rd: 16 fM.

13. Rd: *7 fM, 1 M zun*, von * bis * noch 1x wdh. [18]

14. Rd: 18 fM.

15. Rd: *4 fM, 1 M zun, 4 fM*, von * bis * noch 1x wdh. [20]

16. Rd: *9 fM, 1 M zun*, von * bis * noch 1x wdh. [22]

17. Rd: *5 fM, 1 M zun, 5 fM*, von * bis * noch 1x wdh. [24]

18. Rd: 24 fM.

19. Rd: *3 fM, 1 M zun*, von * bis * noch 5x wdh. [30]

20. Rd: 30 fM.

21. Rd: *2 fM, 1 M zun, 2 fM*, von * bis * noch 5x wdh. [36]

22.–26. Rd: 36 fM.

27. Rd: *5 fM, 1 M zun*, von * bis * noch 5x wdh. [42]

28. Rd: 14 fM, 14x 1 M zun, 14 fM. [56]

Faden lang abschneiden. Rd unsichtbar schließen. Mütze so auf den Kopf setzen, dass die Zunahmen von Rd 28 über der Nase sitzen. Festnähen.

Das brauchst du für das heutige Häkelprojekt:

Schachenmayr Catania (100 % Baumwolle, LL 125 m/50 g) in

- Curry (Fb 431), ca. 40 g
- Moos (Fb 412), ca. 5 g
- Anchor Metallic (80 % Viskose, 20 % Polyester metallisiert, LL 100 m/25 g) in Fb 303, Rest
- Häkelnadel 2,5 mm
- Stopfnadel zum Vernähen

Bald wird es Zeit, die ersten Geschenke zu verpacken!

10

Säckchen

Säckchen (in Curry)

Häkle in Spiral-Rd. Es wird um die Lm-Kette herumgehäkelt. 22 Lm anschl, in die 2. Lm von der Nd aus einstechen und wie folgt häkeln:

1. Rd: 20 fM, 3 fM in 1 M, 19 fM, 1 M zun. [44]

2. Rd: *1 M zun, 19 fM, 1 M zun, 1 fM*, von * bis * noch 1x wdh. [48]

3. Rd: 1 fM, 1 M zun, 19 fM, 1 M zun, 3 fM, 1 M zun, 19 fM, 1 M zun, 2 fM. [52]

4. Rd: 2 fM, 1 M zun, 19 fM, 1 M zun, 5 fM, 1 M zun, 19 fM, 1 M zun, 3 fM. [56]

5. Rd: 3 fM, 1 M zun, 19 fM, 1 M zun, 7 fM, 1 M zun, 19 fM, 1 M zun, 4 fM. [60]

6.–29. Rd: 60 hStb ihM.

30. Rd: 60 hStb ihM, 1 Km in die 1. M der Rd.

31. Rd: 3 Lm (ersetzen das 1. Stb), 1 Lm, 1 M überspringen, *1 Stb, 1 Lm, 1 M überspringen*, von * bis * noch 27x wdh, 1 Stb, 1 Lm, 1 Km in die 3. Lm vom Anfang.

32. Rd: 1 hStb je Stb und Lm der Vor-Rd. [60]

33.–34. Rd: 60 hStb ihM, 1 Km in die 1. M der Rd.

Faden abschneiden und die Rd unsichtbar beenden.

Kordel (in Moos und Anchor Metallic)

Häkle 100 Lm mit Moos + Anchor Metallic. Die letzte Lm fest zuziehen. Die Kordel zwischen die 1-Lm-Bögen der 31. Rd des Säckchen fädeln. Die Kordel zuziehen und mit einer Schleife zusbinden, um das Säckchen zu schließen.

Tipp: Um das Säckchen zu verzieren, kannst du zum Beispiel die Applikationen aus diesem Buch aufnähen oder Stickereien aufbringen.

ROHES FEST
SCHÖNE WINTERZEIT

Das brauchst du für das heutige Häkelprojekt:

Schachenmayr Catania (100 % Baumwolle, LL 125 m/50 g) in

- Sun-kissed (Fb 437), ca. 10 g
- Reseda (Fb 402), ca. 5 g
- Crème (Fb 130), Rest
- Anchor Metallic (80 % Viskose, 20 % Polyester metallisiert, LL 100 m/25 g) in Fb 303, Rest
- Häkelnadel 2,5 mm
- Füllwatte
- Stopfnadel zum Vernähen

Willkommen in Skandinavien!

11

Dalapferd

Körper (in Sun-kissed)
In R häkeln. 4 Lm anschl, in die 2. Lm von der Nd aus einstechen und wie folgt häkeln:

1. R: 1 M zun, 1 fM, 1 M zun. [5]
2. R: 4 fM, 1 M zun. [6]
3. R: 1 M zun, 5 fM. [7]
4.-5. R: 7 fM.
6. R: 6 fM, 1 M zun. [8]
7.-9. R: 8 fM.
10. R: 8 fM, 12 Lm anschl, wenden, ab der 2. Lm von der Nd aus wie folgt weiterhäkeln:
11. R: 1 M zun, 18 fM. [20]
12. R: 19 fM, 1 M zun. [21]
13.-17. R: 21 fM.
18. R: 1 M abn, 19 fM. [20]
19. R: 1 M abn, 18 fM. [19]
20.-21. R: 19 fM.

Hier beginnt das erste Bein.

22. R: 1 M abn, 5 fM, 1 Lm, die restlichen M bleiben frei, wenden [6]
23. R: 6 fM.
24. R: 1 M abn, 4 fM. [5]
25. R: 1 M abn, 3 fM. [4]
26. R: 2 fM, 1 M abn. [3]
27. Rd: 1 M abn, 1 fM. [2]

(= 1. Bein) Faden abschneiden und vernähen.

2. Bein
In R häkeln. 6 M links der letzten M der 22. Rd mit einer stehenden fM anschlingen.

1. R: 5 fM, 1 M abn. [6]
2. R: 6 fM.
3. R: 4 fM, 1 M abn. [5]
4. R: 3 fM, 1 M abn. [4]
5. R: 1 M abn, 2 fM. [3]
6. R: 1 fM, 1 M abn. [2]

Faden abschneiden und vernähen.

Kopf (in Sun-kissed)
In R häkeln. Seitlich in der 2. R des Körpers mit einer stehenden fM anschlingen.

1. R: 6 fM seitlich entlang bis zur 5. R häkeln.
2. R: 6 fM.
3. R: 1 M abn, 2 fM, 1 M abn. [4]
4. R: 4 fM.
5. R: 2x 1 M abn [2]

Faden abschneiden und vernähen.

Ohr (in Sun-kissed)

In R häkeln. In der 1. M der Anfangs-Lm des Körpers (1. R) mit einer stehenden fM anschlingen.

1. R: 1 fM in jede M der Anfangs-Lm-Kette. [3]

2. R: 1 M abn, 1 fM. [2]

3. R: 1 M abn. [1]

Faden abschneiden und vernähen.

Körper fertigstellen (in Sun-kissed)

Den gesamten Körper mit einer Rd fM umhäkeln. Beginne mit einer stehenden fM am Rücken (10. R). Häkle je 1 Zun in beide M der 6. R der Beine, je 1 Zun in die beiden M der 5. R des Kopfs und 3 fM in die Spitze des Ohrs (3. R.). Faden lang abschneiden und venähen.

Sattel (in Crème und Reseda)

In R häkeln. Beginne mit Crème. 7 Lm anschl, in die 2. Lm von der Nd aus einstechen und wie folgt häkeln:

1.-2. R: 6 fM.

3. R: 1 M abn, 2 fM, 1 M abn. [4]

4. R: 2 x 1 M abn.

Faden abschneiden und vernähen. Seitlich in der 1. Lm der Anfangs-Lm-Kette (1. R) mit Reseda mit einer stehenden fM anschlingen und unten entlang der Rundung fM bis zum gegenüberliegenden Ende der Anfangs-Lm-Kette häkeln (= 1. R). Die Lm nicht behäkeln! Nicht abketten, sondern wie folgt weiterhäkeln:

2. R: 1 Lm, wenden, je 2 fM in jede Masche der Vor-R häkeln.

3. R: 1 Lm, wenden, 1 fM in jede M der Vor-R häkeln. Nicht abketten. 1 LM, nicht wenden, sondern 1 R fM entlang der Oberseite des Sattels (Anfangs-Lm-Kette) häkeln. Faden lang abschneiden und damit später den Sattel auf den Rücken des Pferds nähen. Den Sattel mit 5 sternförmigen Spannstichen in Reseda und einer R Spannstichen mit Anchor Metallic in Gold an der Farbwechselkante besticken.

Kopfschmuck (in Reseda)

In R häkeln. 5 Lm anschl, in die 2. Lm von der Nd aus einstechen und wie folgt häkeln:

1. R: 4 fM.

2. R: 2 x 1 M abn. [2]

Faden abschneiden und vernähen. Mit einer Rd fM umhäkeln. Dabei in jede M der 2. R 1 M zun. Faden lang abschneiden und damit später den Sattel auf den Rücken des Pferds nähen. Den Sattel mit 4 sternförmigen Spannstichen in Crème besticken. An die Enden jeweils einen Knötchenstich mit Anchor Metallic setzen.

Fertigstellen

Den Sattel und den Kopfschmuck wie in der Abb auf den Körper nähen. Den Körper mit Margeriten- und Knötchenstichen in Reseda, Crème und Anchor Metallic besticken.

Tipp: Zwei gehäkelte Pferde können zu einem Anhänger zusgenäht werden. Häkle dazu ein weiteres Pferd. Umhäkle den Körper hierbei in die entgegengesetzte Richtung. Nähe beide Applikationen aufeinander und stopfe sie dabei etwas mit Füllwatte aus. Anschließend einen ca. 20 cm langen Faden als Anhänger einfädeln und zusknoten.

Das brauchst du für das heutige Häkelprojekt:

Schachenmayr Catania (100 % Baumwolle, LL 125 m/50 g) in

- Reseda (Fb 402), ca. 15 g
- Anchor Metallic (80 % Viskose, 20 % Polyester metallisiert, LL 100 m/25 g) in Fb 302, ca. 5 g
- Häkelnadel 2,5 mm
- Füllwatte
- Stopfnadel zum Vernähen

Freust du dich auch schon so darauf, den Weihnachtsbaum zu schmücken?

12

Weihnachtskugel

Kugel (in Reseda)

In Spiral-Rd häkeln. Kugel fortlaufend ausstopfen.

1. Rd: 6 fM in einen Fadenring.

2. Rd: 6x 1 M zun. [12]

3. Rd: *1 fM, 1 M zun*, von * bis * noch 5x wdh. [18]

4. Rd: *1 fM, 1 M zun, 1 fM*, von * bis * noch 5x wdh. [24]

5. Rd: *3 fM, 1 M zun*, von * bis * noch 5x wdh. [30]

6. Rd: *2 fM, 1 M zun, 2 fM*, von * bis * noch 5x wdh. [36]

7. Rd: *5 fM, 1 M zun*, von * bis * noch 5x wdh. [42]

8.–14. Rd: 42 fM.

15. Rd: *5 fM, 1 M abn*, von * bis * noch 5x wdh. [36]

16. Rd: 36 fM.

17. Rd: *2 fM, 1 M abn, 2 fM*, von * bis * noch 5x wdh. [30]

18. Rd: *3 fM, 1 M abn*, von * bis * noch 5x wdh. [24]

19. Rd: *1 fM, 1 M abn, 1 fM*, von * bis * noch 5x wdh. [18]

20. Rd: *1 fM, 1 M abn*, von * bis * noch 5x wdh. [12]

Fb-Wechsel zu Anchor Metallic.

Faden nicht abschneiden, es geht direkt weiter mit der Kugelaufhängung.

Kugelaufhängung (in Anchor Metallic)

21. Rd: ivM 12 fM. [12]

22.–23. Rd: 12 fM.

Kugelaufhängung ausstopfen.

24. Rd: ihM 6x 1 M abn. [6]

Faden lang abschneiden. Um die Lücke an der Aufhängung zu schließen, den Faden durch alle vorderen M-Glieder fädeln und fest zuziehen. Faden nach innen ziehen und vernähen. Langen Faden zum Aufhängen anbringen und Kugel mit Sternchen besticken.

Variation mit breitem Streifen (in Crème, Sun-kissed)

Grundanleitung in Crème einschl. Rd 8 häkeln. Fb-Wechsel zu Anchor Metallic. Eine zusätzliche Rd mit 42 fM häkeln. Fb-Wechsel zu Sun-kissed. Grundanleitung Rd 9.-14. häkeln. Fb-Wechsel zu Anchor Metallic. Eine zusätzliche Rd mit 42 fM häkeln. Fb-Wechsel zu Crème. Kugel ab Rd 15 bis zum Ende nach Anleitung fertighäkeln. Kugel über den hellbraunen Streifen besticken.

Variation halb/halb (in Reseda, Crème)

Grundanleitung in Reseda einschl. Rd 11 häkeln. Fb-Wechsel zu Crème. Kugel ab Rd 12 bis zum Ende der Anleitung fertighäkeln. Die Kugel mit Anchor Metallic verzieren. Über den Fb-Wechsel werden im Zickzack-Muster aufgesetzte Km gehäkelt. Dafür oberhalb des Fb-Wechsels mit der Häkelnadel einstechen und unterhalb mit einer M Versatz wieder herauskommen und umgekehrt. Danach je eine Reihe aufgesetzte Km häkeln. Diese liegen 2 Reihen vom Fb-Wechsel entfernt.

Das brauchst du für das heutige Häkelprojekt:

Schachenmayr Catania (100 % Baumwolle, LL 125 m/50 g) in

- Moos (Fb 412), ca. 10 g
- Reseda (Fb 402), ca. 10 g
- Marsalarot (Fb 396), Rest
- Häkelnadel 2,5 mm
- Stopfnadel zum Vernähen
- Holzring, poliert Ø ca. 5 cm

Türchen Nummer 13 ist eine echte Glückszahl!

13

Weihnachtskranz

So wird's gemacht

Da jeder Ring unterschiedlich ausfällt in Dicke und Innendurchmesser, muss die Anzahl der M der ersten Rd evtl. angepasst werden. Die Anzahl der M muss durch vier teilbar sein. Die M und das Muster in den Folgerunden ggf. entsprechend anpassen.

Kranz (in Moos oder Reseda)

Der Holzring wird in Spiral-Rd umhäkelt. Lm werden nicht als M gezählt. In der ersten Rd darauf achten, dass möglichst nichts mehr vom Holzring zu sehen ist. Mit einer stehenden fM beginnen.

1. Rd: 60 fM um den Holzring häkeln.

2. Rd: 60 fM.

3. Rd: *Km, 1 M überspringen, (5 Stb in eine M), 1 M überspringen*, von * bis * noch 14x wdh. [90]

Rd mit einer Km in die erste M beenden. Faden abschneiden und vernähen.

Fertigstellung

Kleine Beeren mit dem Knötchenstich aufsticken oder mit kleinen Perlen verzieren. Der Kranz kann auch mit einer kleinen Schleife verziert werden. Einen Faden zum Aufhängen anbringen.

Das brauchst du für das heutige Häkelprojekt:

Schachenmayr Catania (100 % Baumwolle, LL 125 m/50 g) in

- Crème (Fb 130), ca. 15 g
- Curry (Fb 431), ca. 5 g
- Marsalarot (Fb 396), ca. 15 g
- Moos (Fb 412), Rest
- Graphit (Fb 393), Rest
- Häkelnadel 2,5 mm
- Stopfnadel zum Vernähen

Zu Hause feiert es sich doch am schönsten!

14

Schwedenhaus

Haus (in Marsalarot)

In Spiral-Rd häkeln. Es wird um die Lm-Kette gehäkelt. 25 Lm anschl, in die 2. Lm ab der Nd aus einstechen und wie folgt häkeln:

1. Rd: 23 fM, 3 fM in 1 M, an der Unterseite der Lm-Kette weiterhäkeln, 22 fM, 1 M zun. [50]

2. Rd: 50 fM.

3. Rd: 50 hStb [50]

4.–17. Rd: 50 hStb.

Nicht abketten. Sollte sich der Rd-Anfang verschoben haben, weitere hStb bis zu einer Seitenecke häkeln. Mit einer Km beenden. Faden abschneiden und vernähen.

Dach (in Crème)

Das Dach wird in R gehäkelt. An der rechten Seite des Hauses in Crème neu anketten und an der hinten liegenden Seite wie folgt häkeln:

1. R: 26 fM. [26]

2. R: 1 M abn, 24 fM. [25]

3. R: 1 M abn, 23 fM. [24]

4. R: 1 M abn, 22 fM. [23]

5. R: 1 M abn, 21 fM. [22]

6. R: 1 M abn, 20 fM. [21]

7. R: 1 M abn, 19 fM. [20]

8. R: 1 M abn, 18 fM. [19]

9. R: 1 M abn, 17 fM. [18]

10. R: 1 M abn, 16 fM. [17]

11. R: 1 M abn, 15 fM. [16]

12. R: 1 M abn, 14 fM. [15]

13. R: 1 M abn, 13 fM. [14]

14. R: 1 M abn, 12 fM. [13]

15. R: 1 M abn, 11 fM. [12]

16. R: 1 M abn, 8 fM, 1 M abn. [10]

17. R: 1 M abn, 6 fM, 1 M abn. [8]

18. R: 1 M abn, 4 fM, 1 M abn. [6]

19. R: 1 M abn, 2 fM, 1 M abn. [4]

20. R: 2x 1 M abn, 15 Lm, wenden. [2]

Lm-Kette überspringen.

21. R: 1 M abn. [1]

Faden abschneiden. Rechts unten am Dach neu anketten und das Dach sowie die Schlaufe mit fM umhäkeln.

Tür (in Crème)

Die Tür wird in R gehäkelt. Es werden keine Wende-Lm gehäkelt. 12 Lm anschl, in die 2. Lm von der Nd aus einstechen und wie folgt häkeln:

1.–5. R: 11 fM. [11]

Faden nicht abschneiden, sondern Tür mit fM umhäkeln. Eine kurze Seite dabei auslassen. In die zwei Ecken je drei fM häkeln. Faden lang abschneiden und damit die Tür auf das Haus nähen. Die nicht umhäkelte Seite zeigt nach unten. Einen Türknauf in Graphit aufsticken.

Fenster (2x, in Curry)

Das Fenster wird in R gehäkelt. Es werden keine Wende-Lm gehäkelt. 7 Lm anschl, in die 2. Lm von der Nd aus einstechen und wie folgt häkeln:

1.–5. R: 6 fM. [6]

Faden lang abschneiden und damit das Fenster auf das Haus nähen. Falls gewünscht, auf die Fenster mit einem Faden in Crème Sprossen aufsticken.

Türkranz (in Moos)

14 fM in einen Fadenring häkeln und mit einer Km in die erste M zu einem Kreis schließen. Faden lang abschneiden und den oberen Teil des Kranzes damit an die Tür nähen. Mit einer kleinen Schleife aus einem Restfaden in Marsalarot verzieren.

Das brauchst du für das heutige Häkelprojekt:

Schachenmayr Catania (100 % Baumwolle, LL 125 m/50 g) in

- Crème (Fb 130), ca. 5 g
- Moos (Fb 412), ca. 10 g
- Häkelnadel 2,5 mm
- Stopfnadel zum Vernähen

Hinter diesem Türchen verbergen sich ein paar extra Küsse.

15

Mistelzweig mit Beeren

So wird's gemacht

Der Mistelzweig wird in einer Rd fortlaufend in einem Stück gehäkelt. Zur besseren Übersicht, ist die Anleitung in Teilstücke gegliedert.

Mistelzweig (in Moos)

Stiel und erstes Blätterpaar:

29 Lm anschl, in die 5. Lm von der Nd aus einstechen und wie folgt häkeln:

3 DStb, 2 Stb, 2 hStb, 2 fM, Km. [10]

14 Lm, in die 5. Lm von der Nd aus einstechen und wie folgt häkeln:

3 DStb, 2 Stb, 2 hStb, 2 fM, Km. [10]

5 Km an der vorherigen Lm-Kette weiterhäkeln. Faden nicht abschneiden.

Es geht direkt weiter mit dem zweiten Blätterpaar:

22 Lm, in die 5. Lm von der Nd einstechen und wie folgt häkeln:

3 DStb, 2 Stb, 2 hStb, 2 fM, Km. [10]

14 Lm, in die 5. Lm von der Nd aus einstechen und wie folgt häkeln:

3 DStb, 2 Stb, 2 hStb, 2 fM, Km. [10]

8 Km an der vorherigen Lm-Kette weiterhäkeln. Faden nicht abschneiden.

Es geht weiter mit dem dritten Blätterpaar:

19 Lm, in die 5. Lm von der Nd aus einstechen und wie folgt häkeln:

3 DStb, 2 Stb, 2 hStb, 2 fM, Km. [10]

14 Lm, in die 5. Lm von der Nd aus einstechen und wie folgt häkeln:

3 DStb, 2 Stb, 2 hStb, 2 fM, Km. [10]

15 Km an den vorherigen Lm-Ketten bis zum Anfang zurückhäkeln.

Faden abschneiden, mit dem Anfangsfaden verknoten und vernähen.

Beere (3x, in Crème)

8 hStb in einen Fadenring häkeln. Rd mit einer Km in die erste M schließen. Faden lang abschneiden und durch alle vorderen M-Glieder fädeln. Öffnung fest zuziehen und dabei den Anfangsfaden in der Beere verstecken. Eine oder zwei Beeren oben auf ein Blätterpaar nähen. Der Mistelzweig kann mit einer kleinen Schleife verziert werden.

Das brauchst du für das heutige Häkelprojekt:

Schachenmayr Catania (100 % Baumwolle, LL 125 m/50 g) in

- Sun-kissed (Fb 437), ca. 15 g
- Crème (Fb 130), ca. 5 g
- Deep-Amber (Fb 438), Rest
- Marsalarot (Fb 396), Rest
- Häkelnadel 2,5 mm
- Füllwatte
- Stopfnadel zum Vernähen

Jetzt wird es lecker!

16

Lebkuchenhaus

Hausteil (2x, in Sun-kissed)

In R häkeln. 11 Lm anschl, in die 2. Lm von der Nd aus einstechen und wie folgt häkeln:

1. R: 10 fM. [10]

2. R: 1 M zun, 9 fM. [11]

3. R: 1 M zun, 10 fM. [12]

4. R: 1 M zun, 11 fM. [13]

5. R: 1 M zun, 12 fM. [14]

6. R: 1 M zun, 13 fM. [15]

7. R: 1 M zun, 14 fM. [16]

8. R: 1 M zun, 15 fM. [17]

9. R: 1 M zun, 16 fM. [18]

10.–11. R: 18 fM. [18]

12. R: 1 M abn, 14 fM, 1 M abn. [16]

13. R: 1 M abn, 12 fM, 1 M abn. [14]

14. R: 1 M abn, 10 fM, 1 M abn. [12]

15. R: 1 M abn, 8 fM, 1 M abn. [10]

16. R: 1 M abn, 6 fM, 1 M abn. [8]

17. R: 1 M abn, 4 fM, 1 M abn. [6]

18. R: 1 M abn, 2 fM, 1 M abn. [4]

19. R: 2x 1 M abn. [2]

20. R: 1 M abn. [1]

Beim 2. Hausteil den Faden nicht abschneiden. Grundkörper aufeinanderlegen und mit einer Rd fM zushäkeln. Dabei leicht füllen. In die Ecken je 3 fM häkeln. Faden abschneiden und vernähen. Mit Crème an der rechten Seite des Daches neu anschl und in jede M eine fM und ab und zu eine tiefergestochene fM häkeln. In die Dachspitze 3 M arbeiten. Fenster in Crème aufsticken.

Haustür (in Crème)

In Rd um die Lm-Kette häkeln. 8 Lm anschlagen und in die 3. M von der Nd aus einstechen und wie folgt häkeln:

1. Rd: 5 hStb, 6 hStb in 1 M, auf der Rückseite der Lm-Kette weiterarbeiten, 5 hStb. [16]

Faden lang abschneiden und auf das Haus nähen. Türklinke in Deep-Amber aufsticken.

Bonbon (in Marsalarot)

In einen Fadenring 10 hStb häkeln. Mit Km in die erste M zum Kreis schließen. Faden lang abschneiden und auf das Haus nähen.

Tipp: Für den perfekten Bonbon-Look: Fb-Wechsel mit Crème und Marsalarot bei jedem hStb.

Tiefer gestochene feste Masche

Um eine Masche in einer Runde/Reihe tiefer zu setzen, mit der Nadel in eine Masche der Vorreihe/Vorrunde unterhalb der angegebenen Masche einstechen und den Faden durchholen. Dann wie gewohnt abmaschen, um die gewünschte Masche zu erzeugen.

Das brauchst du für das heutige Häkelprojekt:

Schachenmayr Catania (100 % Baumwolle, LL 125 m/50 g) in

- Ivory (Fb 436), ca. 10 g
- Crème (Fb 130), ca. 5 g
- Reseda (Fb 402), ca. 10 g
- Sun-kissed (Fb 437), ca. 10 g
- Anchor Metallic (80 % Viskose, 20 % Polyester metallisiert, LL 100 m/25 g) in Fb 302, ca. 5 g
- Häkelnadel 2,5 mm
- 2 Sicherheitsaugen Ø 5 mm
- 2 Holzkugeln Ø ca. 12 mm
- Füllwatte
- Stopfnadel zum Vernähen

Hinter diesem Türchen wird es himmlisch.

17

Baumel-Engel

Körper und Kopf (in Reseda, Ivory, Crème)

In Spiral-Rd häkeln. Mit Reseda beginnen. 30 Lm mit 1 KM zum Ring schließen.

1.–7. Rd: 30 fM.

8. Rd: *3 fM, 1 M abn*, von * bis * 5x wdh. [24]

9. Rd: 24 fM.

10. Rd: *2 fM, 1 M abn*, von * bis * 5x wdh. [18]

11. Rd: 18 fM.

12. Rd: *1 fM, 1 M abn*, von * bis * 5x wdh. [12]

13. Rd: 12 fM.

Faden nicht abschneiden, es geht direkt weiter mit dem Kopf. Zwei ca. 30 cm lange Fäden in Ivory abschneiden. Fb-Wechsel zu Ivory. Kopf fortlaufend ausstopfen.

14. Rd: ivM *1 fM, 1 M zun*, von * bis * noch 5x wdh. [18]

15. Rd: *1 fM, 1 M zun, 1 fM*, von * bis * noch 5x wdh. [24]

Die beiden Fäden rechts und links an je ein verbliebenes hinteres M-Glied knoten. Zwei Fadenenden unten aus dem Körper herausziehen und je eine Holzkugel befestigen. Die restlichen Fadenenden kürzen.

16. Rd: 24 fM.

17. Rd: *3 fM, 1 M zun*, von * bis * noch 5x wdh. [30]

18.–22. Rd: 30 fM.

Sicherheitsaugen zwischen der Rd 18 und 19 mit 6 M Abstand befestigen.

23. Rd: *3 fM, 1 M abn*, von * bis * noch 5x wdh. [24]

24. Rd: *1 fM, 1 M abn, 1 fM*, von * bis * noch 5x wdh. [18]

25. Rd: *1 fM, 1 M abn*, von * bis * noch 5x wdh. [12]

26. Rd: 6x 1 M abn. [6]

Faden abschneiden, durch alle vorderen M-Glieder fädeln, fest zuziehen und vernähen. Mit einem Faden in Ivory die Nase über 2 M aufsticken. 30 aufgesetzte Km in Crème zwischen Rd 2 und 3 häkeln.

Haarkappe (in Sun-kissed)

In Spiral-Rd häkeln.

1. Rd: 6 fM in einen Fadenring.

2. Rd: 6x 1 M zun. [12]

3. Rd: *1 fM, 1 M zun*, von * bis * noch 5x wdh. [18]

4. Rd: *1 fM, 1 M zun, 1 fM*, von * bis * noch 5x wdh. [24]

5. Rd: *3 fM, 1 M zun*, von * bis * noch 5x wdh. [30]

6.–9. Rd: 30 fM.

Haarkappe auf den Kopf setzen. Falls sie noch zu kurz ist, eine zusätzliche Rd mit 30 fM häkeln.

10. Rd: 15 hStb, 1 hStb zun, 2 Km, 1 hStb zun, 11 hStb. [32]

Faden lang abschneiden und auf den Kopf nähen. Der Scheitel liegt über dem rechten Auge.

Heiligenschein (Anchor Metallic)

20 fM in einen Fadenring häkeln und mit einer Km in die erste M zum Kreis schließen. Faden lang abschneiden und die hintere Hälfte an die Haarkappe nähen.

Flügel (2x, in Crème)

In R häkeln. Am Ende der R keine zusätzliche Wende-Lm häkeln. Um die Lm-Kette herumhäkeln. 7 Lm anschl, in die 2. Lm von der Nd aus einstechen und wie folgt häkeln:

1. R: 5 fM, 4 fM in 1 M, auf der Rückseite der Lm-Kette weiterhäkeln, 3 fM, 1 Lm, wenden [12]

2. R: In die 2. M von der Nd aus einstechen und wie folgt häkeln: 4 fM, 2x 1 M zun, 6 fM, 3 Lm, wenden. [14]

3. R: In die 2. Lm von der Nd aus einstechen und wie folgt häkeln: 9 fM, 2x 1 M zun, 3 Km. [16]

Faden lang abschneiden. Flügel an den drei Km zusnähen. Mittig auf die Rückseite des Körpers nähen.

Tipp: Soll der Körper unten geschlossen sein – wie beim Schneemann oder beim Wichtel–, zuerst 1.–6. Rd des Schneemann-Körpers in Reseda häkeln und dann weiter ab der 1. Rd. Körper fortlaufend mit Füllwatte stopfen.

Das brauchst du für das heutige Häkelprojekt:

Schachenmayr Catania (100 % Baumwolle, LL 125 m/50 g) in

- Crème (Fb 130), ca. 20 g
- Marsalarot (Fb 396), ca. 20 g
- Sun-kissed (Fb 437), ca. 20 g
- Anchor Metallic (80 % Viskose, 20 % Polyester metallisiert, LL 100 m/25 g) in Fb 303, ca. 10 g
- Häkelnadel 2,5 mm
- Füllwatte
- Stopfnadel zum Vernähen
- Tassel-Maker

Bist du bereit für noch mehr Glitzer?

18

Weihnachtskugel – Tropfenform

Kugel (in Crème, Marsalarot oder Sun-kissed)

In Spiral-Rd häkeln. Kugel fortlaufend ausstopfen.

1. Rd: 4 fM in einen Fadenring.
2. Rd: *1 M zun, 1 fM*, von * bis * noch 1x wdh. [6]
3. Rd: 6 fM.
4. Rd: *1 fM, 1 M zun*, von * bis * noch 2x wdh. [9]
5. Rd: 9 fM.
6. Rd: *2 fM, 1 M zun*, von * bis * noch 2x wdh. [12]
7. Rd: 12 fM.
8. Rd: *3 fM, 1 M zun*, von * bis * noch 2x wdh. [15]
9. Rd: 15 fM.
10. Rd: *2 fM, 1 M zun, 2 fM*, von * bis * noch 2x wdh. [18]
11. Rd: 18 fM.
12. Rd: *5 fM, 1 M zun*, von * bis * noch 2x wdh. [21]
13. Rd: *3 fM, 1 M zun, 3 fM*, von * bis * noch 2x wdh. [24]
14. Rd: *3 fM, 1 M zun*, von * bis * noch 5x wdh. [30]
15. Rd: *2 fM, 1 M zun, 2 fM*, von * bis * noch 5x wdh. [36]
16.–22. Rd: 36 fM.
23. Rd: *2 fM, 1 M abn, 2 fM*, von * bis * noch 5x wdh. [30]
24. Rd: *3 fM, 1 M abn*, von * bis * noch 5x wdh. [24]
25. Rd: *1 fM, 1 M abn, 1 fM*, von * bis * noch 5x wdh. [18]
26. Rd: *1 fM, 1 M abn*, von * bis * noch 5x wdh. [12]

Fb-Wechsel zu Anchor Metallic Fb 303. Faden nicht abschneiden, es geht direkt weiter mit der Kugelaufhängung.

Kugelaufhängung (in Anchor Metallic)

27. Rd: ivM 12 fM. [12]
28.–29. Rd: 12 fM.

Kugelaufhängung ausstopfen.

30. Rd: ihM 6x 1 M abn. [6]

Faden lang abschneiden. Um die Lücke an der Aufhängung zu schließen, den Faden durch alle vorderen M-Glieder fädeln und fest zuziehen. Faden nach innen ziehen und vernähen. Langen Faden zum Aufhängen anbringen. Eine Quaste aus Anchor Metallic mithilfe eines Tassel-Maker in der Länge 7.5 cm herstellen und unten an die Spitze nähen.

Das brauchst du für das heutige Häkelprojekt:

Schachenmayr Catania (100 % Baumwolle, LL 125 m/50 g) in

- Crème (Fb 130), ca. 10 g
- Anchor Metallic (80 % Viskose, 20 % Polyester metallisiert, LL 100 m/25 g) in Fb 302, Rest
- Häkelnadel 2,5 mm
- Füllwatte
- Stopfnadel zum Vernähen

Es funkelt und glitzert hinter diesem Türchen!

19

Sternenanhänger

So wird's gemacht:

Es werden zwei Sterne gehäkelt, die im Anschluss mit fM zusgehäkelt werden.

Sternenmitte (in Crème)

In Spiral-Rd häkeln.

1. Rd: 5 fM in einen Fadenring.

2. Rd: 5x 1 M zun. [10]

3. Rd: 10x 1 M zun. [20]

4. Rd: *1 fM, 1 M zun*, von * bis * noch 9x wdh. [30]

Faden nicht abketten. Es wird direkt mit dem ersten Strahl weitergehäkelt.

Sternenstrahl (in Crème)

In R häkeln.

1. R: 6 fM. [6]

2. R: 1 M abn, 4 fM. [5]

3. R: 1 M abn, 3 fM. [4]

4. R: 1 M abn, 2 fM. [3]

5. R: 1 M abn, 1 fM. [2]

6. R: 1 M abn. [1]

Faden abschneiden und vernähen. Links neben dem Strahl mit einer stehenden fM (zählt als 1. M) neu anketten und 1.-6. R erneut häkeln. Insgesamt fünf Strahlen häkeln. Nach dem letzten Strahl des 2. Sterns nicht abketten.

Fertigstellung

Vor dem Umhäkeln den Stern mit Spannstichen in Anchor metallic besticken. Linke Seiten aufeinanderlegen und mit einer Rd fM zushäkeln. Hierbei 4 fM in die Sternenspitzen und jeweils 5-6 fM an den Strahlenseiten häkeln. Dabei leicht füllen. Am Ende 30 Lm und 1 Km als Aufhänger häkeln. Faden abschneiden und vernähen.

Tipp: Der Stern kann auch einzeln als Applikation genutzt werden und so eine Karte verzieren. Dazu einmal den Stern häkeln und, wie unter Fertigstellung beschrieben, den Stern umhäkeln.

Das brauchst du für das heutige Häkelprojekt:

Schachenmayr Catania (100 % Baumwolle, LL 125 m/50 g) in

- Marsalarot (Fb 396), ca. 5 g
- Moos (Fb 412), ca. 5 g
- Deep Amber (Fb 438) ca. 10 g
- Häkelnadel 2,5 mm
- Stopfnadel zum Vernähen

Wer hilft alles, den Tisch zu decken?

20

Serviettenring mit Ilex

Serviettenring (in Deep Amber)

Der Serviettenring wird in R gehäkelt. Es werden keine Wende-Lm gehäkelt. 13 Lm anschl, in die 2. Lm von der Nd aus einstechen und wie folgt häkeln:

1. R: 12 fM. [12]

Ab hier ihM häkeln. Um einen schöneren Rand zu erhalten, die erste und letzte M ins volle M-Glied häkeln.

2.–30. R: 1 fM, ihM 10 fM, 1 fM. [12]

Sollte der Serviettenring individuell von der Länge angepasst werden, muss die letzte R immer gegenüber dem Anfangsfaden enden. Faden nicht abschneiden. Arbeit wenden. Die erste R auf die letzte R legen und mit 12 Km zushäkeln. Faden abschneiden und vernähen. Arbeit auf rechts drehen – die Km liegen auf der Innenseite.

Ilex-Blatt (2x, in Moos)

Das Blatt wird in Spiralrunden um die Lm-Kette gehäkelt. 13 Lm anschl, in die 2. Lm von der Nd aus einstechen und wie folgt häkeln:

1. Rd: 1 fM, 1 hStb, 1 Stb, 3 DStb, 2 Stb, 2 hStb, 1 fM, 3 fM in 1 M, auf der Rückseite der Lm-Kette weiterhäkeln, 1 fM, 2 hStb, 2 Stb, 3 DStb, 1 Stb, 1 hStb, fM, Lm [25]

2. Rd: 1 fM, (1 fM + 3 Lm + 1 fM in 1 M), 2 fM, *(1 hStb + 3 Lm + 1 hStb in 1 M), 2 fM*, von * bis * noch 1x wdh, *(1 fM + 3 Lm + 1 fM in 1 M), 1 fM*, 1 fM*, von * bis * noch 2x wdh, 1 fM, *(1 hStb + 3 Lm + 1 hStb in 1 M), 2 fM*, von * bis * noch 1x wdh, (fM + 3 Lm + fM in 1 M), fM. [34]

Km in die erste M von Rd 2.

Faden lang abschneiden. Blätter etwas versetzt auf den Serviettenring nähen.

Große Beere (in Marsalarot)

12 Stb in einen Fadenring häkeln. Rd mit einer Km in die erste M schließen. Faden lang abschneiden und durch alle vorderen M-Glieder fädeln. Öffnung fest zuziehen und dabei den Anfangsfaden in der Beere verstecken. Beere oberhalb der Blätter auf den Serviettenring nähen.

Kleine Beere (2x, in Marsalarot)

Wie große Beere, nur mit 12 hStb. Die beiden Beeren unterhalb der großen auf die Blätter nähen.

Das brauchst du für das heutige Häkelprojekt:

Schachenmayr Catania (100 % Baumwolle, LL 125 m/50 g) in

- Crème (Fb 130), Rest
- Sun-kissed (Fb 437), ca. 15 g
- Deep Amber (Fb 438), ca. 15 g
- Marsalarot (Fb 396), Rest
- Curry (Fb 431), Rest
- Moos (Fb 412), Rest
- Häkelnadel 2,5 mm
- Stopfnadel zum Vernähen
- 2 schwarze Halbperlen Ø ca. 6 mm

Liebst du auch den Duft von Weihnachtsgebäck?

21

Lebkuchenmann

Arm (2x in Sun-kissed oder Deep Amber, Crème)

In Spiralrunden häkeln.

1. Rd: 6 fM in Fadenring.

2. Rd: 6x 1 M zun. [12]

3.–5. Rd: 12 fM.

Faden lang abschneiden, um damit den Arm an den Körper zu nähen. Zwischen Rd 3 und 4 aufgesetzte Km in Crème häkeln oder besticken.

Bein (2x in Sun-kissed oder Deep Amber, Crème)

In Spiralrunden häkeln.

1. Rd: 6 fM in Fadenring.

2. Rd: 6x 1 M zun. [12]

3.–6. Rd: 12 fM.

Beim ersten Bein den Faden abschneiden und gut vernähen. Das zweite Bein nicht abketten, es geht direkt mit der Verbindung der Beine weiter. Zwischen Rd. 3 und 4 aufgesetzte Km in Crème häkeln oder besticken.

Verbindung der Beine (in Sun-kissed oder Deep Amber)

Nun werden die Beine miteinander verbunden.

Rd 7: 1 fM in das erste Bein häkeln. Diese M ist der neue Rd-Anfang. Weitere 11 fM um das erste Bein häkeln. Es geht weiter mit dem 2. Bein. 12 fM um das zweite Bein häkeln. [24]

Faden nicht abschneiden, es geht direkt mit dem Körper und Kopf weiter.

Körper und Kopf (in Sun-kissed oder Deep Amber)

Der Lebkuchenmann wird nicht mit Füllwatte gefüllt.

8.–9. Rd: 24 fM.

10. Rd: *5 fM, 1 M abn, 5 fM*, von * bis * noch 1x wdh. [22]

11. Rd: 22 fM.

12. Rd: *9 fM, 1 M abn*, von * bis * noch 1x wdh. [20]

13. Rd: 20 fM.

14. Rd: *4 fM, 1 M abn, 4 fM*, von * bis * noch 1x wdh. [18]

15. Rd: *7 fM, 1 M abn*, von * bis * noch 1x wdh. [16]

16. Rd: *3 fM, 1 M abn, 3 fM*, von * bis * noch 1x wdh. [14]

17. Rd: *5 fM, 1 M abn*, von * bis * noch 1x wdh. [12]

Ab hier beginnt der Kopf.

18. Rd: 12x 1 M zun. [24]

19. Rd: 24 fM.

20. Rd: *3 fM, 1 M zun*, von * bis * noch 5x wdh. [30]

21.–25. Rd: 30 fM.

26. Rd: *3 fM, 1 M abn*, von * bis * noch 5x wdh. [24]

27. Rd: *1 fM, 1 M abn, 1 fM*, von * bis * noch 5x wdh. [18]

28. Rd: *1 fM, 1 M abn*, von * bis * noch 5x wdh. [12]

29. Rd: 6x 1 M abn. [6]

Für einen Aufhänger 15 Lm häkeln, Faden lang abschneiden, durch alle vorderen M-Glieder fädeln, fest zuziehen und vernähen.

Kleine Fliege (in Marsalarot oder Curry oder Moos)

Die Fliege wird in R gehäkelt. 7 Lm anschlagen und in die 2. Lm von der Nd aus einstechen und wie folgt häkeln:

1.–5. R: 6 fM. [6]

Faden abschneiden und vernähen. Einen ca. 30 cm langen Faden in der Farbe deiner Wahl abschneiden und mehrmals um die Mitte wickeln. Verknoten und annähen.

Fertigstellung

Arme seitlich an den Körper nähen. Einen Mund in Crème aufsticken und ggf. ein paar Knöpfe im Knötchenstich auf den Körper sticken. Darauf achten, dass der crèmefarbene Faden nicht auf der Rückseite zu sehen ist. Halbperlen als Augen aufkleben.

Das brauchst du für das heutige Häkelprojekt:

Schachenmayr Catania (100 % Baumwolle, LL 125 m/50 g) in

- Deep Amber (Fb 438), ca. 10 g
- Häkelnadel 2,5 mm
- Stopfnadel zum Vernähen
- Holzring, poliert Ø 5 cm

Das Christkind ist nah!

22

Stern

So wird's gemacht

Da jeder Ring unterschiedlich ausfällt in Dicke und Innendurchmesser, muss die Anzahl der M der ersten Rd evtl. angepasst werden. Die Anzahl der M muss durch vier teilbar sein. Die M und das Muster in den Folgerunden ggf. entsprechend anpassen.

Stern (in Deep Amber)

Der Holzring wird in Spiral-Rd umhäkelt. Lm werden nicht als M gezählt. In der ersten Rd darauf achten, dass möglichst nichts mehr vom Holzring zu sehen ist. Mit einer stehenden fM beginnen.

1. Rd: 60 fM um den Holzring häkeln.

2. Rd: 60 fM.

3. Rd: (Km + 3 Lm + 2 Stb + 3 Lm + 3 Stb in 1 M), 3 M überspringen, *(3 Stb + 3 Lm + 3 Stb in 1 M), 3 M überspringen*, von * bis * noch 13x wdh. [90]

Rd mit einer KM in die dritte Anfangs-Lm beenden.
Faden abschneiden und vernähen.

Fertigstellung

Einen Faden zum Aufhängen anbringen. Der Stern kann mit kleinen Perlen verziert werden.

FROHES FEST

Das brauchst du für das heutige Häkelprojekt:

Schachenmayr Catania (100 % Baumwolle, LL 125 m/50 g) in

- Crème (Fb 130), ca. 10 g
- Sun-kissed (Fb 437), ca. 10 g
- Moos (Fb 412), ca. 10 g
- Häkelnadel 2,5 mm
- Füllwatte
- Stopfnadel zum Vernähen

Bring dir ein bisschen Wald ins Haus.

23

Pilz

Pilzstiel (in Crème)

In Spiral-Rd häkeln.

1. Rd: 6 fM in einen Fadenring.
2. Rd: 6x 1 M zun. [12]
3. Rd: *1 fM, 1 M zun*, von * bis * noch 5x wdh. [18]
4.–5. Rd: 18 fM.
6. Rd: *4 fM, 1 M abn*, von * bis * noch 2x wdh. [15]
7. Rd: 15 fM.
8. Rd: *3 fM, 1 M abn*, von * bis * noch 2x wdh. [12]
9.–10. Rd: 12 fM.

Ab hier werden die Rd mit Km geschlossen.

11. Rd: Lm, ivM 12x 1 hStb zun, 1 Km in erste M. [24]
12. Rd: 2 Lm, *RStbv, 1 hStb zun*, von * bis * noch 11x wdh, 1 Km in erste M. [36]

Faden abschneiden und vernähen. Pilzstiel ausstopfen.

Pilzkappe (in Sun-kissed oder Moos)

In Spiral-Rd häkeln.

1. Rd: 6 fM in einen Fadenring.
2. Rd: 6x 1 M zun. [12]
3. Rd: 12 fM.
4. Rd: *1 fM, 1 M zun*, von * bis * noch 5x wdh. [18]
5. Rd: 18 fM.
6. Rd: *2 fM, 1 M zun*, von * bis * noch 5x wdh. [24]
7.–8. Rd: 24 fM.
9. Rd: *3 fM, 1 M zun*, von * bis * noch 5x wdh. [30]
10. Rd: 30 fM.
11. Rd: *2 fM, 1 M zun, 2 fM*, von * bis * noch 5x wdh. [36]

Faden nicht abschneiden.

Fertigstellung

Nun wird die Pilzkappe mit dem Stiel verbunden. Dazu beide Teile mit der linken Seite aufeinanderlegen. Die Pilzkappe zeigt nach vorne, der Stiel nach hinten. Zuerst durch die Pilzkappe und dann durch das Unterteil stechen. 36 fM häkeln. Bevor die Rd geschlossen wird, Kappe leicht mit Füllwatte stopfen. Faden abschneiden und vernähen. Pilz mit Knötchen- oder Spannstich verzieren.

Tipp: Pilze und Kugeln in verschiedenen Farben häkeln und abwechselnd zu einer Girlande auffädeln.

Kugel (in Moos)

In Spiral-Rd häkeln. Kugel fortlaufend ausstopfen.

1. Rd: 6 fM in einen Fadenring.
2. Rd: 6x 1 M zun. [12]
3. Rd: *1 fM, 1 M zun*, von * bis * noch 5x wdh. [18]
4.–7. Rd: 18 fM.
8. Rd: *1 fM, 1 M abn*, von * bis * noch 5x wdh. [12]
9. Rd: 12 fM.
10. Rd: 6x 1 M abn. [6]

Faden abschneiden, durch alle vorderen M-Glieder fädeln, fest zuziehen und vernähen.

Das brauchst du für das heutige Häkelprojekt:

Schachenmayr Catania (100 % Baumwolle, LL 125 m/50 g) in

- Crème (Fb 130), ca. 10 g
- Deep Amber (Fb 438), ca. 20 g
- Sun-kissed (Fb 437), ca. 10 g
- Häkelnadel 2,5 mm
- 2 Sicherheitsaugen Ø 5 mm
- Füllwatte
- Stopfnadel zum Vernähen
- Stecknadeln

Du weißt sicher, welches Projekt dich hinter dem letzten Türchen erwartet.

24

Elch

Geweih (2x, in Crème)

In Spiral-Rd häkeln. Geweih fortlaufend ausstopfen.

1. Rd: 6 fM in einen Fadenring.

2. Rd: 6x 1 M zun. [12]

3. Rd: *3 fM, 1 M zun*, von * bis * noch 2x wdh. [15]

4. Rd: 15 fM.

5. Rd: 8 fM, 2x 1 M abn, 3 fM. [13]

6. Rd: 7 fM, 2x 1 M abn, 2 fM. [11]

7. Rd: 6 fM, 2x 1 M abn, 1 fM. [9]

8. Rd: 6 fM, 2x 1 M zun, 1 fM. [11]

9. Rd: 8 fM, 1 M zun, 2 fM. [12]

10. Rd: 12 fM.

11. Rd: *2 fM, 1 M abn*, von * bis * noch 2x wdh. [9]

12. Rd: *1 fM, 1 M abn*, von * bis * noch 2x wdh. [6]

13. Rd: 6 fM.

Faden lang abschneiden. Damit das Geweih später an den Kopf nähen.

Kopf (in Deep Amber)

In Spiral-Rd häkeln. Kopf fortlaufend ausstopfen.

1. Rd: 6 fM in einen Fadenring.

2. Rd: 6x 1 M zun. [12]

3. Rd: *1 fM, 1 M zun*, von * bis * noch 5x wdh. [18]

4. Rd: *2 fM, 1 M zun*, von * bis * noch 5x wdh. [24]

5.-8. Rd: Rd: 24 fM.

9. Rd: *6 fM, 1 M abn*, von * bis * 2x wdh. [21]

10. Rd: 21 fM.

11. Rd: *5 fM, 1 M abn*, von * bis * noch 2x wdh. [18]

12.-17. Rd: 18 fM.

Sicherheitsaugen zwischen Rd 11 und 12 mit 4 M Abstand befestigen.

18. Rd: *1 fM, 1 M abn*, von * bis * noch 5x wdh. [12]

19. Rd: 6x 1 M abn. [6]

Faden abschneiden, durch alle vorderen M-Glieder fädeln, fest zuziehen und vernähen. Geweih zwei Rd über den Augen annähen mit einem Abstand von 3-4 Maschen.

Nase (Sun-kissed)

In Spiral-Rd häkeln.

1. Rd: 6 fM in einen Fadenring.

2. Rd: 6x 1 M zun. [12]

Mit Km beenden. Faden lang abschneiden und zwischen Rd 3 und 6 an den Kopf nähen. Einen kleinen Strich zwischen

Nase und Fadenring sticken.

Ohr (2x, Deep Amber)

In Spiral-Rd häkeln.

1. Rd: 6 fM in einen Fadenring.

2. Rd: 2x 1 M zun, (hStb + Stb in 1 M), (Stb + hStb in 1 M), 2x 1 M zun. [12]

Faden lang abschneiden. Ohr falten, mit 2 Stichen fixieren und unter das Geweih nähen.

Körper (in Deep Amber)

In Spiral-Rd häkeln. Körper fortlaufend ausstopfen.

1. Rd: 6 fM in einen Fadenring.

2. Rd: 6x 1 M zun. [12]

3. Rd: *1 fM, 1 M zun*, von * bis * noch 5x wdh. [18]

4. Rd: *1 fM, 1 M zun, 1 fM*, von * bis * noch 5x wdh. [24]

5. Rd: *3 fM, 1 M zun*, von * bis * noch 5x wdh. [30]

6.-7. Rd: 30 fM.

8. Rd: *3 fM, 1 M abn*, von * bis * noch 5x wdh. [24]

9. Rd: 24 fM.

10. Rd: *2 fM, 1 M abn*, von * bis * noch 5x wdh. [18]

11.-12. Rd: 18 fM.

13. Rd: *1 fM, 1 M abn*, von * bis * noch 5x wdh. [12]

14.-16. Rd: 12 fM.

17. Rd: *4 fM, 1 M abn*, von * bis * noch 1x wdh. [10]

18. Rd: 10 fM.

Öffnung zusdrücken und mit 4 fM zushäkeln. Faden lang abschneiden. Den Körper hinten an den Kopf in Höhe von Rd 12 nähen. Sollte der Kopf nach hinten kippen, mit ein paar Stichen in Höhe von Rd 9 am Körper zusätzlich fixieren.

Arm (2x, Sun-kissed, Deep Amber)

In Spiral-Rd häkeln. Mit Sun-kissed beginnen.

1. Rd: 6 fM in einen Fadenring.

2. Rd: *1 fM, 1 M zun*, von * bis * 2x wdh. [9]

3. Rd: ihM 9 fM.

4. Rd: 9 fM.

Fb-Wechsel zu Deep Amber.

5.-6. Rd: 9 fM.

Arm bis Rd 6 ausstopfen.

7. Rd: *1 fM, 1 M abn*, von * bis * 2x wdh. [6]

8.-14. Rd: 6 fM.

Öffnung zusdrücken, eine Lm häkeln und mit 3 fM zushäkeln. Faden lang abschneiden. Zwischen Rd 13 und 14 seitlich an den Körper nähen.

Bein (2x, Sun-kissed, Deep Amber)

In Spiral-Rd häkeln. Mit Sun-kissed beginnen. Bein fortlaufend ausstopfen.

1. Rd: 6 fM in einen Fadenring.

2. Rd: 6x 1 M zun. [12]

3. Rd: ihM 12 fM.

4. Rd: 12 fM.

Fb-Wechsel zu Deep Amber.

5.-6. Rd: 12 fM.

7. Rd: *2 fM, 1 M abn*, von * bis * 2x wdh. [9]

8. Rd: 9 fM.

9. Rd: 3 fM - Rd beendet.

Öffnung zusdrücken und mit 4 fM zushäkeln. Faden lang abschneiden. Zwischen Rd 4 und 5 seitlich an den Körper nähen.

Schwanz (in Deep Amber)

Zwischen Rd 3 und 4 am Rücken mittig neu anketten und 4 zus abgemaschte hStb häkeln. Mit einer Lm beenden und Fäden vernähen.

Über die Autorinnen

Silke Guhlmann lebt mit ihrem Mann und den beiden Söhnen in der Nähe von Mainz. Das Häkeln hat sie in der Grundschule gelernt, und ihre Oma stand ihr dabei immer mit Rat und Tat zur Seite. Als ihr Sohn einen gehäkelten Hasen, samt Anleitung, entdeckte und fragte, ob sie ihm auch einen häkeln könne, war ihr Interesse geweckt. Schnell war klar, dass es nicht bei diesem einen Amigurumi bleiben würde. Seit 2020 zeigt Silke bei Instagram unter dem Namen @total_verhaekelt ihre Arbeiten. Dort veröffentlicht sie kleine Anleitungen zum Nachhäkeln. Inspirationen und Ideen dazu sammelt sie bei ausgedehnten Gassi-Runden mit ihrer Hündin Nanna, die auch beim Häkeln am liebsten ganz in ihrer Nähe liegt.

Inga Borges ist Designerin und Gründerin des Labels Frau Line. Das Häkeln hat sie gelernt, bevor sie in die Schule kam, und hat seitdem die Nadel nicht mehr losgelassen. Sie bloggt auf frau-line.de regelmäßig über Häkeln, Handarbeit und Nachhaltigkeit und arbeitet als Autorin für Häkelbücher, unter anderem für die erfolgreiche Reihe Helden der Kindheit. Sie lebt mit ihrem Mann und dem kleinen Kater Moe in Münster. Noch mehr von Inga und ihren Designs gibt es bei @byfrauline bei Instagram.

Danksagung

Wir möchten uns bei allen sehr herzlich bedanken, die diesen Adventskalender kaufen, um sich ein kleines Stück Weihnachten zu häkeln. Dabei wünschen wir viele gemütliche, glückliche und entspannte Stunden beim Häkeln, Dekorieren und Feiern!

Silke: Ich möchte mich bei meiner Familie bedanken, die mein kreatives weihnachtliches Chaos über Monate tapfer ertragen hat. Ein großes Dankeschön geht an meine Mitautorin Inga Borges, die immer ein offenes Ohr für meine Probleme hatte und mir stets mit Rat und Tat zur Seite stand. Vielen Dank an meine Lektorin Isabella Krüger, die an mich geglaubt und mir die Chance gegeben hat, dieses Projekt umzusetzen.

Inga: Ich danke meinem Mann Benni, dass er immer da ist, wenn meine innere Kritikerin mal wieder besonders laut ist. Meinem Kater Moe danke ich, dass er alle Modelle immer mit viel Sorgfalt auf ihre Katzentauglichkeit hin untersucht.

Außerdem möchten wir uns bei allen Mitarbeitern innerhalb und außerhalb des Verlags bedanken, die bei diesem Adventskalender mitgearbeitet und so zu einem einzigartigen Werk gemacht haben. Ein ganz besonderes Dankeschön geht an unsere Sponsoren Anchor und Schachenmayr, für die tollen Garne und die freundlichen Worte.